다르게
걷기

낯선 세상에 스스로를 호명하며
길을 만들어가는 사람들

다르게 걷기

박산호
인터뷰집 *

오늘산책

저자의 말

퇴근 후 방전 상태의 몸으로 지하철을 탔는데 내 앞에 앉아 있는 사람은 내가 내리는 순간까지도 일어나지 않는다. 나는 상사에게 영혼이 탈탈 털리도록 호되게 당하고 있는데 SNS 속 누군가는 이름 모를 낭만적인 풍경 속에서 해맑게 웃고 있다. 그럴 때면 누구나 한번씩 스스로에게 이런 질문을 던진다.

꼭 회사에 다녀야만 일할 수 있는 걸까?
항상 누군가 지시하는 일만 하며 살아가는 것
그게 과연 좋은 삶일까?

하지만 이 물음을 진심으로 붙잡고 끝까지 늘어지는 사람은 많지 않다. 월급은 들어오는 순간 수많은 공과금과 월세와 카드 대금으로 순식간에 빠져나가 버리고, 사직서는 품속에만 비장하게 존재하는 물건일 뿐 던지고 난 이후의 삶은 상상하기 어렵다. 백수라는 타이틀이 찍힌 순간 날아올 주위의 시선도 두렵긴 마찬가지.

이 책은 그런 모호한 두려움과 현실적 어려움 속에서도 "내가 원하는 일은 무엇인가?"라는 질문을 끝까지 놓지 않은 사람들의 이야기다. 회사라는 틀 안에 들어가지 않은, 혹은 들어갔다가 다시 나와 자기만의 길을 선택한 사람들. '일'을 스스로 정의하고 손수 빚어낸 사람들. 그들은 모두 거창한 성공을 꿈꾸기보다는 자기다운 삶을 원했고, 결국 자신만의 우주를 구축했다.

그들을 직접 만나고 싶었다. 그들이 일궈온 삶의 이야기를 들으며 오랜 세월 프리랜서로 살아온 나도 영감을 받고 싶었고, 동지애를 느끼고 싶었고, 덜 외롭고 싶었다. 무엇보다 남들이 다 가는 길을 가지 않아도 잘 살 수 있는 실질적인 증거들을 모으고 싶었다.

1년 넘게 인터뷰를 진행하면서 가장 인상 깊었던 건, 그들이 하나같이 '처음부터 확신이 있었던 사람들은 아니라는' 점이었다. 시작은 불안했고, 두려웠다. 생계의 어려움도, 실패도, 좌절도 겪어야 했다. 사회가 그들의 직업을 이상적으로만 바라본 것도 아니었다.

그럼에도 멈추지 않았다. 누군가 알아주지 않아도 정직하게 일하고 공부하고 연구하면서 그들은 자신만의 철학과 세계를 쌓아 올렸다. 방식과 모양은 저마다 달랐지만 모두 누군가를 돕고자 하는 마음, 누군가의 곁에 서고자 하는 마음이 있었다. 수많은 역경을 헤치며 자신의 자리에 다다른 이 특유의 내공도 있었다. 어쩌면 그것이 그들이 이룬 가장 큰 성취요 자산일지도 모른다는 생각이 문득 들었다.

화려한 스포트라이트보다는 조용하지만 단단한 실천을 선택하고 이어온 사람들. 인터뷰하는 내내 이들의 언어에서 조심스러운 용기와 누구에게도 휘둘리지 않는 삶의 감각을 배울 수 있었다.

나는 우리가 스스로에게 조금 더 솔직해지면 좋겠다. 조금만 더 용감하게 자신의 마음속을 들여다보며 진정으로 내가 하고 싶은 일, 내가 살아가고 싶은 인생이 무엇인지 질문해보면 좋겠다.

사회가 정하고 용인하고 허락하는 틀 안에서만 안정되고 행복한 삶을 누릴 수 있다는 생각에서 자유로워지는 것, 그 자유로운 상상이 누군가에겐 삶을 바꾸는 시작이 될 수 있다는 것을 보여줄 수 있다면 그것으로 이 책의 역할은 충분하다.

2025년 새봄

박산호

차례

10
나를 구원하는 힘
인터뷰의 대가 **김지수**

32
진자리에 선 사람
특수청소 전문가 **김완**

52
지금 행복하세요
티베트 불교 전파자 **용수스님**

72
앎을 돌보는 사람
지식 큐레이터 **전병근**

104
녹지 않는 성실함으로
웹소설 작가 **최영진**

126

고고학에서 오늘을 긷다
이집트 고고학자 **곽민수**

146

솔직 유쾌한 성 이야기꾼
성교육 강사 **심에스더**

168

호소의 말을 듣는 사람
인권위 조사관 **최은숙**

190

로컬에서 찾은 답
도시 연구가 **정수경**

212

나쁜 장애인
인권 활동가 **변재원**

김지수

이 시대 최고의 인터뷰어. 질문하고 경청하고 기록하며 28년째 기자의 업을 이어오고 있다. 다양한 현인을 만나 그들의 생애를 생생하고 유려한 언어로 전달하는 마인드 커넥터이자 휴머니스트이다.

나를 구원하는 힘

인터뷰의 대가 **김지수**

Interview ──────────

 인터뷰 시리즈를 열겠다고 마음먹었을 때 이 시리즈의 첫 주자를 누구로 할지 곰곰 생각해봤습니다. 고민은 오래가지 않았습니다. 마음속에서 '김지수'라는 세 글자가 금방 떠올라 반짝였기 때문입니다. 김지수. 그는 「보그」 편집장으로 일할 때부터 눈부신 문체로 이름을 날렸지만, 제가 그에게 반하게 된 결정적 계기는 「조선비즈」에 연재하는 인터스텔라 인터뷰 시리즈였습니다. 전 세계의 지성을 찾아 매회 보석 같은 언어로 통찰 가득한 질문들을 쫀쫀하게 직조해내는 그의 능력에 저는 자주 반하곤 했습니다. 그래서 새 인터뷰가 나올 때마다 밑줄을 치며 열심히 읽었습니다.

 그렇게 인터스텔라 시리즈에 푹 빠져 있던 어느 순간 문득 김지수라는 사람이 궁금해졌습니다. 그라는 우주가 궁금해졌다고도 할 수 있습니다. 수많은 사람을 만나 인터뷰하며 그는 어떤 생각을 하고, 뭘 느끼며, 어떤 통찰을 얻을까? 인터뷰어가 아닌 자연인 김지수의 모습은 어떨까? 저는 궁금증을 이기지 못하고 김지수 기자에게 인터뷰에 응해달라고 간절하게 청했고, 기쁘게도 그러겠다는 답변을 받았습니다.

인터뷰를 하면서 가장 놀란 것은 전형적인 서울 깍쟁이이자 차도녀 같은 이미지의 그에게서 누구보다 진솔한 모습을 볼 수 있었다는 점입니다. 동시에 힘들었던 어린 시절을 지나 자신이 가진 모든 재능을 활짝 꽃피운 지금의 그에게 깊은 영감을 받을 수 있어 무척이나 기뻤던 인터뷰이기도 했습니다.

박	저는 인생에서 큰 위기를 두 번 통과하면서 예전의 저와 사뭇 다른 사람이 됐다고 생각합니다. 첫 번째 위기는 이혼이었고, 두 번째 위기는 아이가 공황장애에 걸렸을 때였어요. 위기가 닥칠 때마다 너무나 고통스러웠지만, 그 고비를 넘기고 나면 저라는 사람이 한층 더 성장하고 깊어진 것을 느꼈어요. 이처럼 모든 사람에게는 현재의 그를 만든 위기나 고난이 있다고 생각하는데요. 현재의 김지수 기자를 만든 가장 큰 고난은 무엇일까요?

김	첫 질문을 받고 잠시 멍해졌습니다. 제 생각엔 '고난과 재능에 어떻게 반응하는가' 하는 것이 인생의 전부인 것 같습니다. 재능 때문에 고난이 오기도 하고 고난 덕분에 재능이 오기도 하는데, 저는 후자였던 것 같아요. 고난은 제 인생의 디폴트이자 인생 자체였죠.

사실 제 인생은 시작부터 평탄하지 않았습니다. 결손가정이었고, 지독히 가난했어요. 친어머니는 제가 두세 살 무렵 세상을 떠났다고 들었어요. 새어머니는 성정이 난폭한 분이었고, 저를 감정적, 육체적으로 심하게 학대했습니다. 아버지도 폭력적인 성향이 강해 집안이 편안할 날이 없었죠.

박 정말 놀랍습니다. 의외이기도 하고요. 제가 지금까지 봐온 기자님의 이미지는 굉장히 완벽해 보이고, 무엇보다 부유한 가정의 막내딸로 태어나 손에 물 한 방울 안 묻히고 살아왔을 것 같았거든요. 그렇다면 어린 김지수는 그런 고난 속에서 어떻게 지금의 김지수가 될 수 있었을까요?

김 저는 어렸을 때부터 자아가 강했고, 주위에 본받을 만한 어른이 없었기 때문에 일찍부터 세상을, 어른을 비판적인 시선으로 보며 판단하는 성향이 있었던 것 같아요. 무엇보다 여기서 살아 나가자는 생존 의식이 큰 원동력이 됐습니다. 생존과 자아실현의 욕구가 하나로 합체된 셈이죠. 내가 뛰어나면 이런 환경에서 살아남아 탈출할 수 있을 거라 생각해 공부를 열심히 했고, 잘했습니다.

그리고 책 속으로 도피해 열심히 제가 바라는 롤 모델을 찾고, 위인전을 읽으며 더 나은 인간의 전형을 보기 시작했죠. 친절한 사람을 찾아다녔고, 더 나은 세계를 꿈꾸며 이상주의자가 됐어요. 부유하는 인생이었다고 표현할 수도 있지만, 덕분에 경계인으로서 세상을 관찰하는 시야도 키운 셈입니다. 또한 부모에게 받은 정신적 유산이나 편견이 없었기 때문에 어쩌면 제 세계를, 사유를 자유롭게 키워갈 수 있었던 것 같아요. 지금도 '파괴되지 않는다는 믿음'으로 고난과 재능을 통합하는 여정에 있습니다.

박 그렇게 말씀하시니 사르트르의 말이 생각납니다. 뛰어난 작가들의 삶에는 아버지가 부재한 경우가 많았다는 말이요. 기자님도 그런 식으로 자신의 세계를 확장할 수 있었던 것 같습니다. 또한 힘든 유년기를 보낸 경우 희생자 프레임에 갇혀 크게 성장하지 못할 수도 있는데 그렇지 않았다는 점도 놀라웠습니다. 기자님의 인터뷰집 『위대한 대화』를 무척 흥미롭게 읽었습니다. 거기 나온 인물들은 대부분 자신을 지켜준 루틴의 힘을 역설했는데요. 이 시대의 가장 지적이고 노련한 인터뷰어 김지수 기자를 지켜주는 루틴은 뭘까요?

김 글쎄요. 딱히 루틴이랄 게 있는지 모르겠습니다만 매일 규칙적으로 하는 일을 생각해보면, 아침에 일어나자마자 물을 석 잔 마셔요. 뜨거운 물 반, 차가운 물 반, 이렇게 반씩

섞어서 두 잔을 원샷하고, 석 잔째는 각종 비타민과 영양제를 먹습니다.

그런 다음 아침기도를 하고, 고양이 두 마리의 밥을 챙기고, 스트레칭하고, 남산 산책로를 40분 정도 걷습니다. 예전엔 하루에 스쾃을 100개씩 해서 체력을 관리했는데 요즘은 체력이 달려 산책으로 건강을 유지하고 있습니다. 산책하면서 설교 녹음한 걸 듣거나, 요즘 쓰는 글에 대해 생각해요. 머리를 비우기 위해 아무 생각도 하지 않고 산책할 때도 있고요. 그리고 오전에 커피 다섯 잔을 마십니다. 그것도 믹스로요.

박　　아니, 믹스커피 다섯 잔이라니요! 그렇게 먹으면 살찌지 않나요?(웃음)

김　　그래서 1/2칼로리 믹스를 마십니다.(웃음)

박　　왠지 기자님은 채식주의자에 드립커피만 드실 것 같았는데 아니군요!

김　　전혀요. 저는 음식도 기름진 것, 예를 들면 전 같은 걸 아주 좋아합니다. 아무거나 잘 먹어요.

박　　이렇게 평소 상상한 이미지와 다른 의외의 모습을 발견하는 것이 인터뷰의 또다른 재미가 아닐까 싶습니다. 제가 기자님의 인터뷰를 보면서 인상적이었던 것 가운데 하나는, 인터뷰 상대에 따라 정확하면서도 풍부한 레퍼런스에 기반하여 질문을 던지신다는 점이었어요. 아마도 어마어마한 독서력에 바탕을 둔 결과일 것 같은데, 평소에 책을 고르는 기준이 있다면 뭘까요?

김　　특별히 책을 고르진 않고 그냥 읽습니다. 제게 운명적으로 다가오는 책을 받아들인다고나 할까요? 이를테면 책과 저의 시그널이 맞아떨어지고 책과 나누는 에너지가 좋을 때 선택하는 경우가 많습니다. 그럼에도 굳이 고르는 기준을 꼽자면 아름다운 책이 좋습니다. 일단 제목이 멋있어야 하고 디자인(텍스트의 그릇)이 힘 있어야 해요. 김연수의 『세계의 끝 여자친구』나 김애란의 『바깥은 여름』, 요조의 『실패를 사랑하는 직업』처럼 아이러니하고 시적인 제목의 책에 매료돼요. M. 스캇 펙의 『아직도 가야 할 길』이나 폴 블룸의 『최선의 고통』처럼 삶을 관통하는 방향이 있는 책들에도 손이 가고요.

그다음 책장을 펼쳤을 때 서문이 제 마음에 우아하게 꽂혀야 합니다. 작가의 문장력이 서문에 다 드러나니까요. 보도자료가 좋은 책에도 신뢰가 가요. 편집자의 실력이 보도자료에 고스란히 담기거든요. 핵심 텍스트를 잘 뽑아서 플레이팅한 문장들을 눈여겨보는 편입니다.

장르를 가리지는 않아요. 제가 평소 진행하는 인터뷰 범위

자체가 전방위적이라 모든 분야의 책을 봅니다. 그동안 책을 읽은 이력이 길어서 꼴이나 차례만 봐도 그 책의 수준을 가늠할 수 있으니 그런 면에선 편리한 셈이죠. 소설은 많이 읽지 못하지만, 호기심이 가는 주제는 찾아 읽습니다.

주로 읽는 건 심리학, 뇌과학 분야의 책이에요. 또한 구원과 아름다움을 만끽하고자 하는 욕구를 충족시켜주는 책을 좋아합니다. 인간은 왜 이렇게 행동하는가 하는 궁금증에 인간에 대한 전반적인 통찰을 얻을 수 있는 책도 즐겨 보고요. 내 고난과 고민을 해결해주는 책이죠.

박 맞아요. 공감이 갑니다. 저도 아이가 아팠을 때 공황장애와 우울증에 관한 책은 거의 다 찾아 읽었어요. 저도 문제가 생겼을 때 해답을 찾기 위해 책을 뒤지는 편이에요.

김 제가 보기에 자기 문제 해결에 적극적인 사람들이 더 나은 삶으로 갈 수 있는 확률이 높은 것 같아요. 또한 그런 문제를 해결하기 위해 타인에게 적극적으로 손을 내미는 사람이 잘 사는 것 같고요. 여기서 잘 산다는 것은 물질적으로 그렇다는 게 아니라 그야말로 자신의 삶을 잘 이끌어간다는 뜻이에요. 타인에게 도움을 청할 수 있는 사람은 겸손한 사람이기도 합니다. 자기가 남보다 위에 있다고 생각하면 절대 도움을 청할 수 없거든요.

박   공감이 가는 말입니다. 저는 번역하면서, 독서하면서, 일하면서 혹은 교류하면서 만난 사람들을 통해 배운 가치나 교훈을 딸과 자주 이야기하는 습관이 있어요. 그러면서 은연중에 아이에게 전달하고 싶었던 메시지나 가치를 슬쩍슬쩍 흘리는 것 같아요. 콩나물을 기를 때 밤마다 물을 부어주는 것처럼 제가 알게 된 지혜나 생의 교훈을 아이의 마음에 심어주고 싶은 욕심이 있죠.

기자님은 수많은 지성인을 만나면서 느끼는 점이 많은 만큼 아이들에게 해주고 싶은 말도 많을 것 같습니다. 두 아이에게 가장 공들여 전해주는 이야기랄까, 가치관이랄까, 생의 태도가 있다면 무엇일까요?

김   요즘 제가 고민하는 화두는 위임과 소유입니다. 부모로서 저는 아이를 신에게 위임받아 잠시 보호 중인 사람이라고 생각합니다. 아이는 이미 완성되어 나온 위대한 생명체예요. 그러니 제가 방해만 안 하면 잘 성장할 것 같아요.

저 자신이 편견이나 고정관념이 없었기에 무한히 변주되어 세계와의 마찰과 접촉 면이 넓어졌듯 아이도 그럴 거라고 믿어요. 그리고 좀 웃기게 들릴 수도 있는데, 아이에게 "○○○ 씨"라고 부르고 존댓말을 써요. "○○○ 씨, 오늘 식사는 어떻게 하실래요?" 보호자로서 분명하게 선과 기준을 제시할 때도 있지만, 대체로 대등한 관계로 아이를 바라보는 편입니다.

박　　　흥미롭군요. 아이들과 공유하는 또 다른 일과나 리추얼 같은 게 있을까요?

김　　　아이들이 어렸을 때 2년 정도 교환일기를 같이 썼어요. 오늘 엄마는 일하다 이런 일이 있었는데 너희들의 하루는 어땠니? 이런 식으로 쓰면 아이들이 거기에 답을 달아주었는데 그게 좋았습니다.

박　　　상상만 해도 정말 좋은데요. 그 일기장들도 소중한 보물이겠고요.

김　　　맞아요. 그 외에 성실하고 인사 잘하면 잘 살 수 있다고 항상 말해줍니다.

박　　　그 이상 어떻게 더 좋은 말을 해줄 수 있겠어요? 저도 마찬가지예요. 딸에게 긍정적으로 살자, 인사 잘하고 성실하게 살자, 이런 말을 항상 해줘요. 아이에게 재산은 못 물려줘도 좋은 생각은 물려주고 싶더라고요.

김　　　맞아요. 언어에는 굉장한 힘과 예지력이 있는 만큼 아이들에겐 항상 좋은 언어를 들려줘야 합니다.

박　　　기자님의 문장이 화사한 붉은 비단 같다고 느낄 때가 종종 있어요. 글이 시처럼 아름다워서 배우고 싶은 마음에 필사를 하려다가 저와는 너무 스타일이 다른 것 같아 중간에 포기하긴 했지만, 훔치고 싶을 만큼 아름다운 필력을 보유하신 건 사실이에요. 이처럼 멋진 글을 쓸 수 있는 비법을 공개해주실 수 있을까요? 글쓰기 공부를 어떻게 하셨는지 알려주셔도 좋고요.

김 돌이켜보면 저는 20대에 글을 가장 잘 썼던 것 같아요. 특히 27세에 가장 잘 썼습니다.(웃음) 그때는 도발적인 문장으로 좍좍 밀고 나갔고, 글에 패기가 있었어요. 「보그」 기자 시절엔 수사학적으로 아름다운 글을 썼어요. 글에 대한 실험도 많이 했고요. 연극 대본처럼 지문까지 써서 인터뷰 기사를 작성한 적도 있어요.

한마디로 20, 30대는 무대에서 날아다닐 수 있는 온갖 기술을 연마한 시절이었습니다. 하지만 그때 쓴 글이 '나 글 잘 쓴다'라고 과시하는 형태였다면 지금은 치열하고 최적화된, 간절한 글쓰기입니다. 굳이 비교한다면 저는 지금의 글이 좋습니다. 나를 구원하고, 독자에게 도움을 주려는 마음으로 글을 쓰고 있으니까요. 그것에 항상 최적화된 글을 쓰려고 노력합니다.

글을 잘 쓸 수 있는 특별한 방법이 있는가, 필력이 노력으로 늘 수 있는가, 라는 질문에 대해서는 좀 회의적이지만 일단 글을 잘 쓰려면 편식하지 않고 다양한 책을 읽는 게 좋아요.

저는 모든 문장을 읽을 때 내가 나중에 써먹거나 변주할 수 있는 문장인가 아닌가를 끊임없이 생각해요. 의식주를 이루는 구체적이고 생활적이고 튼튼한 언어와 진선미를 이루는 심오하고 질서정연하고 진리에 가까운 언어를 분류해 머리에 입력해놔요. 그리고 필요한 순간에 퍼즐을 맞추듯 꺼내 쓰죠.

사실 두뇌의 언어 세포는 쓰는 만큼 발달하기 때문에 수사법에 관해서는 오감을 동원해 끝없이 훈련하는 수밖에 없습니다. 공간과 피부에 닿는 느낌을 상상하게 하는 '촉의 언어'를 계속 그리면서 밀어붙여야 해요. '이 느낌이 뭐지?' 하고 감각되도록 말이죠. 타인의 좋은 언어가 휘발되지 않도록 닿는 순간 낚아채는 것도 중요하고요.

박   굉장히 지적이면서도 구체적인 팁이네요. 이런 꿀팁을 공유해주셔서 감사합니다. 대화할 때 상대가 하는 행동을 따라 하면 호감 지수를 높일 수 있다는 글을 읽은 적이 있는데 이번에 『위대한 대화』에 나오는 기자님의 인터뷰를 읽으면서 놀라운 점을 발견했습니다. 각 인터뷰이의 핵심 키워드나 그가 즐겨 구사하는 표현을 그 자리에서 곧바로 미러링하는, 그러니까 마치 기자님이 평소 쓰는 표현처럼 유려하게 사용하는 것을 보고 놀랐어요. 그런 재능은 꾸준한 훈련으로 쌓은 것인가요, 아니면 인터뷰이에 대해 치밀하게 연구한 끝에 나온 결과인가요?

김   인터뷰에 앞서 '나는 당신을 알고 있다'(전문성을 갖고 있음을 보여주는 거죠)와 '나는 당신을 알고 싶다', 이렇게 두 가지 요소를 준비합니다. 자기를 이미 충분히 알고 있고, 거기서 더 나아가 자기를 더 알고 싶어하는 사람에게 마음을 열지 않을 사람은 없습니다. 자기도 못 보는 자신의 맥락을 읽어주니 상대는 놀라고 기뻐할 수밖에 없죠. 타자의 시선으로 상대를 바라보기에 그런 맥락을 읽을 수 있는 것 같아요.

그리고 저는 인터뷰이와 하나가 되고 싶은 욕구, 그와 일체감을 느끼고 싶은 욕구를 갖고 인터뷰에 임합니다. 세계 각국의 석학들과 인터뷰하는 경우가 많은데, 그와는 다시 인터뷰할 가능성이 크지 않다는 점이 최선의 인터뷰를 하게 만드는 동력이 되기도 해요. 이런 비유가 적절할지 모르지만, 배우가 자신 안에 있는 여러 페르소나 중 하나를 꺼내 연기를 하는 것처럼 저도 인터뷰이에 맞춰 제 안에 있는 여러 페르소나 중 하나를 꺼내 대화를 진행합니다. 그렇게 합을 맞춰가는 거죠.

박   말씀을 들어보니 굉장히 철저하게 인터뷰를 준비하시는데요. 보통 인터뷰를 한 번 진행할 때 준비 시간은 어느 정도 걸리나요?

김   2, 3일 정도 걸리는 것 같아요. 짧은 시간에 자세히 준비해야 하니 말 그대로 영혼을 갈아 넣죠.

박 짐작은 했지만 정말 쉽지 않은 작업이군요. 그럼 인터스텔라 시리즈를 시작했을 때의 김지수와 지금의 김지수는 달라졌을까요? 달라졌다면 어떻게 달라졌을까요?

김 정말 많이 달라졌어요. 좋은 방향으로 달라졌기 때문에 감사한 마음입니다. 가끔 내가 정말 환상적인 직업을 갖고 있구나, 라고 생각합니다. 사실 「조선비즈」는 「보그」 피처 디렉터를 그만둔 뒤 실업자로 지내면서 실업 급여를 받으려다 찾은 일자리였어요. 보그코리아에서는 관리자로도 일했기 때문에 이번이 현장에서 플레이어로 활약할 수 있는 마지막 기회라고 생각했습니다. 결과적으로 이렇게 패션 잡지에서 언론사로 커리어를 전환한 것이 신의 한 수가 됐죠.

마흔다섯에 언론사라는 새로운 환경에 들어갔기 때문에 초심자의 마음으로 시작했습니다. 거기서도 제가 가장 잘할 수 있는 인터뷰 시리즈를 선택해서 그야말로 배낭 하나 메고 최전선에 있는 사람들을 직접 섭외하고 인터뷰를 청했습니다. 초반에는 거절도 많이 당했고 힘들었어요. 그런 와중에도 인터뷰의 퀄리티를 일정하게 유지하려고 노력하는 한편 인터뷰이의 다양성을 중시하는 방향으로 섭외를 계속했습니다. 매회 독자들이 '와우 포인트'를 느낄 수 있도록 노력했고요.

박 그런 노력 덕분에 인터스텔라 시리즈가 많은 이들의 사랑을 받게 된 것 같습니다. 사실 매체의 발달 덕분에 많은 인터뷰 기사나 시리즈가 나오고 있지만, '김지수의 인터스텔라'만큼 대중의 폭넓은 사랑을 받고 있는 시리즈는 없지요. 제가 보기에 그런 사랑을 받을 수 있었던 비결은 아름다운 문장과 독자가 원하는 질문을 정확하게 전달하는 능력 그 두 가지인 것 같습니다.

오늘(인터뷰한 날) 3월 8일은 세계 여성의 날입니다. 김지수 기자님은 여성들이 바라는 커리어의 정점에 올랐습니다. 오랜 세월 스스로를 갈고닦아 한 분야의 정점에 오를 수 있었던 비결을 젊은 여성들에게 나눠주실 수 있을까요? 특히 20, 30대 여성들이 조직에서 살아남을 수 있는 비결이 있다면 뭘까요?

김 갑자기 그런 질문을 받으니 좀 막막한데요. 제가 박산호 작가님에게 같은 질문을 드린다면 작가님은 어떻게 대답하시겠어요?

박 저라면 일을 시작한 여성들에게 포기하지 말고 버티라고 하고 싶습니다. 저는 본업이 번역가이다 보니 경력 단절 여성들이 번역을 시도했다가 중간에 포기하는 경우를 종종 보는데요. 왜 '마의 3년'이라고 하잖아요. 그 구간만 넘으면 자리를 잡을 수 있는데 그게 너무 고통스러워서 견디지 못하는 분들을 볼 때 안타깝더라고요. 하지만 저는 프리랜서고, 기자님은 한 조직에서 정점에 오르신 분이니 회사원들을 대상으로 전수할 만한 비결이 있을 것 같아요.

김   아, 저는 분야에 상관없이 오히려 버티지 말라고 조언하고 싶어요. 지금 근무하고 있는 회사 말고도 밖으로 나가면 새로운 세계가 많으니까 겁먹지 말고 시도해보라고요. 하지만 한편으로는 포기하는 마음도 중요하다고 생각합니다. 박산호 작가님처럼 한 분야에서 뭔가를 잘하고 싶어 한 장르에 몰입하는 상태라면 버텨야 하지만, 회사나 조직 같은 어떤 특별한 상황에서 대안이 없을까 봐 무조건 버티는 건 현명하지 않을 수 있다고 생각해요. 여기서 나가면 상황이 더 나빠질 것 같다며 겁을 먹고 버티다 보면 더 나쁜 일이 벌어질 수도 있고요.

지금은 특히 변동성이 큰 시대이기 때문에 본인의 의사 결정 능력이 중요합니다. 다른 선택지를 계속 만들어야 인생의 지평이 확장됩니다. 내 인생에서 가치 없는 일은 잘라내야 합니다. 선택지가 없으면 겁이 많아지고 세계가 좁아집니다. 나에게 나를 구원할 수 있는 힘이 있다는 사실을 믿어야 합니다.

더 나아질 수 있다고 믿고 나아가면 좋겠어요. 자기만의 아름다움, 전문성을 높이기 위해 초보자의 마음으로 새로운 것을 계속 받아들이고 섞기를 바랍니다. 나 자신에게 정직하면 당장 주춤해도 그만큼 점프할 수 있습니다. 인생은 유한하다는 것을 자각하고, 해보고 싶은 것을 다양하게 시도하며 살아도 괜찮습니다. 커리어에 정점이란 건 없어요. 늘 새로운 도입부가 시작된다고 봐요. 호기심을 잃지 않는 것이 무엇보다 중요합니다. 스스로에게 지루해지지 마세요.

박　　　지금까지 인터뷰한 인물 가운데 가장 감동한 혹은 인상적이었던 인물은 누구이며, 그 이유는 무엇인가요?
김　　　이어령 선생님이라고 대답할 수밖에 없을 것 같아요. 인터뷰어와 인터뷰이로 가장 오랜 시간을 같이 보냈고, 그분이 죽음을 향해가면서 사그라드는 모습과 그럼에도 불구하고 사그라들지 않는 부분을 다 목격했기 때문입니다. 저는 죽을 때까지 이어령이라는 언어의 자장 안에 있을 것 같습니다.

박　　　좀 놀라운 대답이네요. 그처럼 오랜 시간을 같이 보냈다면 인간적으로 실망스러운 모습도 봤을 텐데요.
김　　　당연히 봤지만 그럼에도 존경할 수밖에 없는 큰 인물이니까요.

박　　　알겠습니다. 이번에는 좀 다른 질문을 해볼게요. 얼마 전 기자님이 한 패션쇼의 객석에 앉아 있는 사진을 보았는데 저는 모델들보다 오히려 기자님의 멋짐에 빠져들었어요. 오랜 세월 패션지 편집장으로 멋과 시크함의 최전선에서 일한 김지수에게 멋이란 과연 무엇일까요?

김   멋은 자신을 정확히 앎으로써 나타나는 아우라와 품위라고 생각합니다. 저는 대학교 때 파리지앵처럼 하고 다녔어요. 그야말로 나다운 스타일을 위한 일종의 실험을 계속하면서 나를 만들어갔던 것 같습니다. 제가 보기에 가장 멋있는 사람은 자기다운 사람이에요. 외적으로는 가장 자기다울 때 좌중을 압도하는 분위기를 낼 수 있어요.

그러자면 자기만의 스타일을 만들어낼 수 있는 안목을 키워야 하죠. 안경 하나만 써도 멋들어진 사람이 있습니다. 그 사람은 그렇게 되기까지 자신을 굉장히 많이 연구한 사람이에요. 그렇게 스타일과 그 사람 특유의 에너지가 최적의 밸런스를 이뤄낼 때 풍기는 아우라가 있는데 그걸 라인이라고 표현해도 좋을 것 같아요. 마지막으로 제가 생각하는 멋을 다시 정의하자면, 멋이란 내 몸이 바깥세계에 닿은 최초의 자부심이자, 내가 배합한 컬러와 내가 점유한 라인이 공간에 일으키는 신선한 에너지가 아닐까 싶습니다.

박   내가 만들어낸 스타일이자 라인이 내가 있는 공간에 일으키는 에너지라니 정말 멋진 말씀이네요. 요즘은 대화가 서툴고 대화 자체를 두려워하는 사람들이 많은데, 경청과 질문의 달인으로서 그런 사람들에게 대화를 좀 더 편하고 잘할 수 있게 하는 팁을 주신다면요?

김   대화를 많이 하는 수밖에 없어요. 싫다고 무섭다고 대화를 안 하면 더 퇴화합니다. 용불용설用不用說이잖아요. 대화는 인생에 있어 정말 중요한데 그걸 모르는 사람들이 많은 것 같아요. 대화는 모든 관계의 전부입니다. 경험을 같이 쌓는 것도 중요하지만, 인간은 언어를 통해 교류하고자 하는 욕구가 크기 때문에 말을 해야 합니다. 지상에서 언어 사용권을 부여받은 유일한 생명체가 인간 아닙니까.

그러니 써야죠. 대화의 기쁨을 회복해야죠. 먼저 가서 말을 거는데 싫어할 사람은 없다고 봐요. 가서 친절한 언어를 건네세요. 진심으로 감탄하고, 미소 짓고, 맞장구를 쳐주세요. 대화를 통해서 얻을 게 많다고 생각하세요. 저의 경우 늘 모르는 게 많다고 생각해서인지 다들 제게 좋은 걸 가르쳐주려고 하더라고요. 아이도 어른도.

박   든든한 조직을 나와서 프리 선언을 하셨습니다. 본인이 지칭한 대로 마인드 커넥터로서 더 넓은 무대에서 활동하게 되셨는데요. 제가 보기에 김지수 기자님은 그 자체로 하나의 플랫폼인 것 같습니다. 그 플랫폼에 앞으로 어떤 콘텐츠들이 실릴지도 무척 궁금한데, 어떤 계획이 있는지 살짝 알려주시겠어요?

김　플랫폼이라고 해주시니 무척 기쁘지만 제가 그런 에너지가 있는 사람인지는 잘 모르겠습니다. 우선 인터뷰집을 하나 쓰고 있는데 전형적인 인터뷰가 아니라 좀 색다른 형태가 될 것 같습니다. 자세한 내용은 밝힐 수 없고요. 앞으로 동화와 시집도 쓰게 될 것 같습니다.

나에게 나를 구원할 힘이 있다는
사실을 믿어야 합니다.
나 자신에게 정직하면 당장 주춤해도
그만큼 점프할 수 있습니다.
인생은 유한하다는 것을 자각하고,
해보고 싶은 것을 다양하게 시도하세요.
스스로에게 지루해지지 마세요.

김완

출판과 트렌드 산업 분야에서 일했다. 몇 년 동안 일본에 머물며 취재와 집필을 하면서 죽은 이가 남긴 것과 그 자리를 수습하는 일에 관심을 갖게 되었다. 특수 청소 전문가로 일하며 죽음 현장에 드러난 인간의 삶과 존재에 대한 기록을 남긴다.

진자리에 선 사람

특수청소 전문가 **김완**

Interview

김완 작가를 처음 만난 건 사석에서였습니다. 김완 작가는 세상을 떠난 이가 남기고 간 물건을 정리하고 그의 흔적을 지우는 특수청소 전문가이며, 『죽은 자의 집 청소』라는 책으로 많은 이의 마음과 생각에 균열을 낸 분입니다. 사석에서 만난 김완 작가는 굉장히 젠틀하면서 따뜻하고 유머 감각이 넘치는 사람이었습니다. 그와 이야기를 나누다 제가 특수청소라는 일에 편견을 가지고 있었다는 걸 깨닫고 속으로 반성하기도 했습니다. 그때 미처 하지 못했던 질문을 마저 하고 싶어 그에게 인터뷰를 요청했습니다.

그는 특이하게도 질문지를 보내지 말라고 했습니다. 질문지를 미리 받으면 답을 꾸며낼까 봐 저어된다는 말에 고개가 끄덕여졌습니다. 누구든 인터뷰할 기회가 생긴다면 의식적으로든 무의식적으로든 자신의 생각을 좀 더 논리적으로 정리하려 하고, 조금이라도 더 꾸미거나 포장하고 싶어하기 마련인데 그걸 마다하는 게 대단하게 느껴졌습니다. 그렇게 만나 인터뷰를 하는 동안 그는 한 번도 자신을 내세우거나 드러내지 않은 채 특수청소라는 일 자체와 인간에 대한 근본적이고 깊은 애정만을 담담하게 표현했습니다. 향기로운 녹차를 음미하며 마시는 것 같은 느낌이 드는 인터뷰였습니다.

박 서른아홉에 몸이 좋지 않아 병원엘 갔어요. 암인 것 같다고 해서 조직검사를 받고는 결과가 나올 때까지 죽음에 대한 두려움에 떨었죠. 그때 삶을 통째로 바꾸는 중요한 결정을 몇 가지 내렸습니다. 죽음을 마주 본 덕분에 할 수 있었던 일인 것 같습니다.

작가님은 저와 달리 일상적으로 죽음을 접하며 살고 있다고 볼 수 있는데, 이 일을 하면서 그 전이라면 하지 않았을 결정을 내린 적이 있나요? 삶과 죽음의 경계에 서서 삶을 바라보는 작가님의 시선은 어떻게 변화되었는지 궁금합니다.

김 일을 시작하면서 바뀐 것도 있고, 나이 들어 중년이 되고 여러 일을 겪으며 복합적으로 바뀐 것도 많습니다. 가치관이 바뀌었고 나 자신을 바라보는 관점도 달라졌죠. 일이 하나의 동기가 되기도 했지만 '내가 나를 어떻게 알아갈 것인가? 나는 무엇인가?' 하는 질문이 제 인생을 관통했습니다.

그런 질문이 지금까지 이어져오면서, 나를 알아가는 것이 이번 생의 가장 큰 테마이자 숙제가 됐습니다. 제 내면에 투사된 세상은 바깥세상과 연관되어 있어요. 사람들이 다가오고 멀어지는 것, 이태원 참사와 세월호 사고 같은 사회적 참사, 이 모든 일을 유심론적 관점에서 바라보게 됐습니다.

박 유품 정리사가 주인공인 일본 소설 『흔적을 지워드립니다』의 추천사를 작가님께서 쓰셨지요. 거기에 자살한 모녀의 이야기가 나옵니다. 혼자서 어린 딸을 키울 수 없었던 엄마가 아이를 데리고 욕조에 들어가 손목을 그어 죽는데, 늦게 발견된 탓에 유품 정리사가 욕조에 녹아버린 두 시신을 수습하느라 무진 애를 쓰는 장면이었지요. 읽으면서 아무리 그게 직업이라 해도, 아무리 사명감을 가지고 일한다 해도 쉽지 않을 거란 생각이 들었습니다.

그러다 최근 화장실에서 숨을 거둔 분을 수습하기 위해 오랜 시간 쭈그리고 일한 경험을 묘사한 작가님의 페이스북 글을 읽고 문득 그 소설이 떠올랐어요. 픽션을 읽는 것도 쉽지 않았는데 작가님은 현실에서 그런 일을 일상적으로 하고 계시죠. 일이니까 당연히 해야 한다는 생각도 있겠지만 어지간한 멘탈로 할 수 있는 일이 아닌 것 같습니다. 이 일을 계속할 수 있는 원동력은 뭔가요?

김   사람들은 종종 세상의 실체를 나와 분리된 것으로 파악해요. 예를 들어 평소 죽음과 거리를 두고 살아가며, 죽음은 나와 상관없는 일이라고 여기죠. 코로나 시대에도 마스크를 써서 나와 타자를 분리하고, 물리적 거리를 두면서 죽음을 피했습니다.

그런데 저는 이 일을 하면서 분리된 실체라는 개념이 희미해지는 걸 느꼈어요. 처음에는 나도 죽음의 현장에 가까이 가고 싶지 않다, 라고 생각했지만 여기에 끔찍하다고 할 만한 실체가 있는가, 라는 질문을 스스로에게 계속 던지다 보니 그 경계 자체가 흐려지더군요.

한편으로는 제게 도움을 호소하는 유족의 목소리나 고인에 대한 공감도 일을 계속할 수 있는 원동력이 됩니다. 공감에는 동정과 연민이 섞여 있는데, 저의 경우 동정보다 연민이 더 큰 것 같아요. 그런 마음은 어머니를 닮았어요. 제 어머니가 무척 다정한 분이셨거든요. 죽은 사람의 진자리를 보면서 내가 죽었을 때 남는 흔적 역시 이와 다르지 않을 것이라고 느끼다 보니 공감할 수밖에 없더라고요. 그렇게 고인과 나의 거리감이 좁혀지다가 어느새 나와 고인을 동일시하게 되는 순간이 찾아오지요. 이런 것들이 이 일을 10년째 하게 하는 동력이 됩니다. 그리고 돈, 즉 경제적 요건도 중요한 원동력이 되고요.

박　　기차에서 만난 한 노인의 이야기를 페이스북에 쓰셨어요. 거기 담긴 작가님의 시선이 너무나 품위 있고 따뜻하게 느껴졌습니다. 노인은 기차 안에서 드르렁드르렁 코를 골며 주무시고, 큰 소리로 통화도 하죠. 제가 옆자리에 같이 앉아 가야 하는 상황이었다면 저도 모르게 눈살을 찌푸렸을 것 같아요. 하지만 작가님은 화장실을 다녀왔는데 뒤처리를 깨끗하게 하지 못한 노인이 풍기는 냄새에 대해서도 애정과 연민이 어린 묘사를 하셨습니다. 그리고 다음에 다시 길동무로 만나 달라고 하셨지요. 그 글을 읽으면서 작가님이 기본적으로 인간에 대한 애정이 남다른 분이란 생각이 들었습니다.

요즘은 사람들끼리 가까이 다가가는 걸 꺼리는 느낌이에요. 될 수 있으면 사람과의 접촉을 줄이고, 불편하거나 싫은 사람은 피하잖아요. 자기만의 세계에서 오랜 시간을 보내다가 점점 움츠러들면서 외로움을 느끼는 사람들이 많아지는 세상에서 작가님이 인간에게 품는 이런 애정은 희귀한 보물처럼 느껴집니다. 원래 타고난 성정인가요? 아니면 이 일을 하면서 그런 마음이 생긴 건가요?

김　　타고난 면이 있어요. 어렸을 때부터 복지에 관심이 있어서 복지 서비스 자원봉사를 했고, 공동체에도 관심이 컸습니다. 요즘 경기가 어려워지면서 30대 청년들이 건설과 청소 분야에 많이 들어오고 있어요. 그러면서 특수청소 분야에서 제가 점점 연장자가 돼가는 것 같습니다. 이런 면에서 내가 도움이 될 수 있는 부분이 있지 않을까, 내가 감당할 수 있는 역할은 무얼까 고민하고 있습니다.

저는 기본적으로 지극한 개인주의자이지만 아이러니하게도 사람에 대해 큰 관심을 가지고 있어요. 어쩌면 아버지와 관계가 안 좋았기 때문에 다른 사람에게 사랑을 갈구하는 형태로서의 봉사에 관심을 가져왔는지도 모르겠어요.

한번은 자주 가는 공원 산책로에 널려 있는 개똥을 다 치운 적이 있어요. 100리터짜리 쓰레기봉투를 들고 갔는데 봉지의 70퍼센트가 찰 정도였지요. 이 모습을 보고 한 노인이 고맙다며 꾸벅 인사를 하시는데 놀라운 동시에 뭐라 표현할 수 없는 마음이 들었습니다. 제가 다니는 피트니스 센터에서 손님들이 지저분하게 해놓고 나간 자리를 치운 적도 있어요.

이런 이야기를 하는 이유는 저는 제가 보고 싶은 세상을 만들어가는 편이라는 말을 하고 싶어서예요. 어떻게 보면 일종의 강박 같아서 가끔은 치우고 싶은 마음을 꾹 누르기도 해요. 아무튼 저는 스스로를 끊임없이 관찰하며 제 행동의 동기를 객관적으로 바라보려고 노력합니다.

사실 모든 선행에는 이처럼 굉장히 복잡한 심리가 숨어 있습니다. 제 동기는 나 자신에게 잘 보이고 싶은 겁니다. 스스로를 긍정적으로 보려고 노력하는 편이에요. 나 자신을 사랑하고 싶고, 나 자신에게 사랑받고 싶죠. 그게 일하는 동기와도 관련 있고, 그래서 청소도 기왕이면 더 깨끗하게 하고 싶어요. 청소 잘하는 나를 스스로 보고 싶은 거예요. 청소를 통해 선을 구현하고 싶은 바람이 있습니다.

박 방 안에서 텐트를 쳐놓고 생활하다 죽은 청년의 이야기도 쓰셨죠. 그 청년의 유품인 『아무것도 모르면서』라는 책을 보며 눈물을 훔쳤다고 하셨는데요. 유품 정리를 하려면 마음이 딱딱해져야 할 것 같은데, 모르는 타인의 유품 앞에서 생전의 모습을 상상하며 눈물을 흘리는 섬세한 사람이 이 일을 계속할 수 있다는 점이 놀라웠습니다. 작가님이 쓰신 『죽은 자의 집 청소』에서도 타인의 삶을 따뜻한 시선으로 상상하는 모습이 인상적이었고요.

그런 시선 덕분에 그처럼 훌륭한 글이 나올 수 있었겠지만, 한편으론 그렇게 일일이 공감하고 상상하다 보면 본인도 모르는 새 마음이 시드는 것은 아닐까 염려가 되기도 했습니다. 어떠셨어요?

김 그 책은 일하다 생긴 변수의 기록입니다. 평소에는 마음이 굳어 있는 편이고, 일을 할 때 마주치는 상황이나 인물에 대해 어떤 것도 판단하지 않겠다는 자세로 임합니다. 내 감정의 투사일 수도 있으니 고인에 대해 일체 판단하지 않으려 하고, 고독사 자체도 괴롭거나 피해야 할 일이라고 생각하지 않습니다. 평소엔 마음을 단단하게 무장하고 일을 하지만 가끔 그러지 못할 때가 있어요. 저와 관련된 뭔가를 우연히 발견했을 때 마음이 흔들립니다. 제가 좋아하는 책이나 음반 같은 것을 발견하면 잠가놓은 열두 개의 빗장 중 하나가 풀려버리는 식이죠.

박   그럴 땐 아픈 마음을 어떻게 달래시나요?
김   적극적으로 감정의 후폭풍을 해소해요. 주로 음악과 관련한 활동을 합니다. 전 오랫동안 기타를 전문적으로 쳐왔고, 피아노도 오래 쳤어요. 현재 음반 준비를 하고 있고, 메타뮤직에도 관심이 많아요. 그리고 피트니스 센터에서 꾸준히 운동하면서 체력을 관리합니다. 운동한 지는 20년이 넘었습니다. 제가 다른 재능은 없어도 꾸준함만큼은 자신이 있습니다.

박   죽은 길고양이를 수습하는 이야기, 케이지 안에 갇힌 채 처참하게 죽은 고양이 열 마리의 녹아내린 사체를 수습하는 이야기를 읽고 경악을 금치 못했어요. 길고양이의 죽음이 애잔했다면, 실내의 좁은 케이지에 방치되어 목숨을 잃은 고양이들의 사연은 너무도 애통했어요. 제가 강아지와 고양이를 키우는 집사라 더 마음이 아팠던 것 같습니다. 이런 이야기를 읽으면 인류애가 바사삭 부서지면서 우리가 살고 있는 사회의 단면을 보는 것 같아 씁쓸한 마음이 듭니다. 그와 관련한 이야기를 좀 해주실 수 있나요?

김　　그것은 책에서 가장 쓰기 힘든 에피소드였어요. 실제 쓴 원고의 60퍼센트를 들어낸 분량이기도 하고요. 그만큼 할 말이 많았던 거죠. 지금도 그때를 생각하면 피가 거꾸로 솟는 것 같고, 그 일이 종종 떠오르기도 합니다. 그런 건 동물 애호가들이 의도치 않게 동물을 학대하는 형국이라고 생각합니다. 펫샵, 동물병원, 번식농장으로 연결된 카르텔이 아니었다면 그렇게 동물이 학대받는 구조가 나올 수 없어요. 책에 나온 그 사건은 신고했지만 처벌할 마땅한 법규가 없어서 실질적인 조치가 취해지진 않았습니다. 몇 년 전의 일인데 요즘이라면 대처가 좀 달랐겠죠.

박　　작가님은 죽은 자의 집을 청소하고 유품을 정리하면서 그 사람의 생전을 생각하고, 짐작하고, 상상하지만 결국엔 그렇게 타인의 흔적을 바라보는 과정을 통해 자신으로 돌아온다고 하셨는데요. 그런 면에서 청소가 작가님에겐 마음을 닦는 하나의 명상이자 도를 닦는 과정과도 같다는 생각이 들어요. 어떻게 생각하세요? 청소라는 행위 자체에 그런 면이 있는 걸까요?

김   청소를 수행이라고 보는 것은 굉장히 클래식한 생각입니다. 불교에서 승려가 될 때도 청소부터 시작하고, 주방에서 일을 배울 때도 청소부터 하죠. 제가 일본에 살 때 일본 학생들이 청소하는 모습을 보러 이슬람권 사람들이 학교를 방문한 적이 있어요. 그만큼 그 사람들에게는 신기해 보였나 봐요. 일본에는 화장실에 신이 살고 있어 청소를 깨끗이 해놓으면 복이 온다고 하는 믿음이 있어요. 사실 동북아시아 전반에 그런 믿음이 깔려 있죠.

청소는 108배와 비슷한 면이 있어요. 하다 보면 현타가 올 때가 있습니다. 내가 왜 여기서 이걸 하고 있나 하는 생각이 드는 거예요. 처음 청소 일을 시작했을 때는 손가락 끝이 너무 아팠습니다. 집에는 수많은 창틀이 있잖아요. 그걸 일일이 손으로 닦아야 하니 손가락 끝이 너무 저리고 아프더라고요.

새집 인테리어 공사를 끝내고 하는 청소도 있어요. 그럴 땐 유리창에 붙은 필름까지 떼어내고 청소해야 합니다. 청소는 천장부터 시작하는데 새로 도배한 천장엔 풀이 다 붙어 있어요. 그 풀을 걸레로 털어내야 하는데 마치 프레스코 벽화를 그리는 것처럼 힘든 과정이죠.

특수청소에서도 천장 벽지를 뜯어내는 과정이 제일 힘들어요. 20년 된 빌라에서 천장 도배지를 뜯어내야 했던 적이 있어요. 시신의 냄새가 배어 있거든요. 피가 튄 경우도 종종 있고요. 벽지는 보통 7겹 정도 됩니다. 도배를 새로 할 때마다 그 위에 덧붙이는 식이니까요. 미숙련자가 5평 원룸 벽지를 뜯어내는 데 꼬박 다섯 시간 정도가 걸려요.

한번은 공사가 중단된 건물을 청소한 적도 있어요. 물도 전기도 들어오지 않는 5층 건물 청소를 오전 7시에 시작했는데 새벽 2시가 돼도 끝이 안 보이는 거예요. 정말이지 암담했지만, 묵묵히 창틀을 닦고 있는 동료의 모습을 보고 다시 마음을 가라앉혔습니다.

박　　　작가님은 화장실 청소에 대한 감상도 글로 쓰셨는데요. 청소를 끝내고 변기가 반짝반짝 빛날 정도로 깨끗한 것을 보면 해방감이 든다며 우울감이 있는 사람들에게 화장실 청소를 권하셨어요. 언젠가 자아가 너무 비대한 사람들에게 화장실 청소를 권한 어느 일본 정신과 의사의 글도 본 적이 있습니다. 청소하다 보면 사람이 겸허해진다는 논리였는데 그 의견에 동의하시나요?

김　　　자아가 비대하다는 느낌이나 우울감도 생각해보면 마음의 채움과 비움에 문제가 생겼을 때 나타나는 증상이에요. 컴퓨터의 데이터 레지스트리처럼 마음에도 용량의 문제가 생길 때가 있어요. 마음의 잔재와 생각의 먼지들을 붙들다 보면 우울해질 때가 있죠. 자아가 비대하다는 것 역시 우울과 관련이 있을 것 같습니다. 본격적인 우울증이 아닌 가벼운 우울감 정도는 청소로 해소할 수 있다고 생각합니다.

박　『죽은 자의 집 청소』에서 작가님과 같은 나이에 병사한 한 남성에게 쓰신 편지가 무척 인상적이었습니다. 형이 죽은 빈 방에서 소리 없이 오랫동안 우는 동생의 뒷모습을 통해 그 슬픔을 절절하게 묘사해주셨기 때문인 것 같아요. "죽고 난 후 그 사람의 이름과 출신학교, 직장, 생년월일이 다 무슨 의미가 있는가. 그보다 중요한 것은 죽은 이를 향한 이들의 마음이다."라고 책에 쓰셨는데요. 우리는 죽은 후에 결국 세상에 뭘 남길 수 있을까요?

김　남길 수 있는 건 하나도 없다고 생각해요. 최근에 문익환, 함석헌 선생님의 기념관을 다녀왔는데 여러 가지 기념품이 전시되어 있더군요. 함석헌 선생님이 쓰시던 문방사우도 있었어요. 많은 것이 남아 있지만 실제로 남아 있는 것은 별로 없다는 생각이 들었습니다. 서양에서는 데스마스크를 남기기도 하지만, 사실 남는 건 고인에 대한 기억이라기보다는 고인에 대한 내 감정뿐이라고 생각합니다.

박　제목은 기억나지 않지만 신경숙 작가의 소설 가운데 여자 주인공이 미용실에서 보조미용사로 일하다 그만두는 이야기가 있습니다. 일을 마치고 집에 돌아오면 샤워를 몇 번이고 해도 몸의 어딘가에 깨알처럼 작은 머리카락이 붙어 있어 까끌거리는 감촉이 고통스러웠다는 내용이었죠. 읽으면서 고개를 끄덕였던 기억이 납니다.

이 일을 하시면서 육체적으로 가장 힘든 점이 뭔가요? 저는 후각과 시각이 가장 고통스럽지 않을까 짐작해봤습니다만.

김 감정이 가장 고통스럽습니다. 육체적인 고통은 시간이 흐르면 회복될 수 있지만 감정은 잘 아물지 않습니다. 앞서 말했듯 일할 때는 늘 마음이 방어적이지만 사소한 물건 하나에 그 빗장이 풀릴 때가 있습니다. 저 자신의 슬픔을 직면할 수밖에 없을 때 힘이 듭니다. 후각 역시 감정을 유발하는 감각입니다. 시체를 최초에 발견한 사람은 청소가 끝나고 깨끗한 공간에 들어가도 여전히 시체 냄새를 느낀다고 합니다.

후각과 시각 둘 다 감정을 건드리는 고통이에요. 구더기를 처음 봤을 때는 굉장히 역겨웠지만, 생각을 거듭하다 과연 구더기가 역겹다는 표현 하나로 간단히 정의될 수 있는 생명체인가 싶은 마음이 들었습니다. 그렇게 계속 생각하다 보니 구더기가 춤을 추는 것처럼 느껴지기도 했어요. 보는 사람에 따라서는 과거 재래식 화장실에서 본 구더기가 연상되어 끔찍할 수도 있지만 그것을 다른 각도로 볼 수도 있는 거죠.

구더기는 자연의 시체 청소부입니다. 동물의 사체를 청소해주는 역할을 하거든요. 자연이 스스로 정화하는 힘의 일부인 구더기를 단순히 과거의 불쾌한 기억으로만 연결짓기엔 아쉬운 면이 있습니다. 시각적인 면은 계속 새로운 해석을 요구합니다.

박　　이 일을 하려는, 혹은 하고 싶어하는 사람에게 선배로서 어떤 조언을 해주고 싶으세요?

김　　이 업계는 이미 레드 오션이고, 과밀 경쟁 산업 분야입니다. 제게 이 일에 관한 문의가 너무 많이 들어와서 아예 질문과 응답을 담은 인터넷 페이지까지 만들어놨어요. 그리고 제가 일하면서 터득한 요령과 정보에 대한 워크 매뉴얼을 만들고 있는데, 이 일을 그만둘 즈음 완성될 것 같아요. PDF 파일로 만들어 무료로 풀 생각입니다. 하지만 코카콜라 레시피, 즉 저만의 비법은 혼자 간직하고 싶습니다.

　좀 더 설명하자면 이 일은 액체와의 싸움이에요. 고체를 치우는 일은 비교적 간단합니다. 안드로이드나 드론이나 로봇도 할 수 있는 일이죠. 관건은 액체와 액체화된 현장 상태에 대한 대처입니다. 시신이 늦게 발견된 현장일수록 그 자리에는 스크레이퍼로 긁어야 하는 고체 상태의 흔적과 액체가 뒤섞여 있습니다. 표면에 굳어진 고체를 스크레이퍼로 긁어내면 그 밑엔 촉촉한 액체가 남아 있는 경우도 흔합니다. 이른바,

걸바속촉 같은 상태죠. 인간은 유기물로 이뤄진 존재라 사후에는 어쩔 수 없이 그런 상태가 됩니다. 그런 진자리를 치우는 게 제 일입니다. 가끔은 습식 청소기를 쓰기도 하지만 도구가 망가질 수도 있어 결국 일일이 손으로 퍼 담아 수습하는 수밖에는 없습니다.

박   작가님은 작업을 하는 데 특수 도구가 필요하다고 책에 쓰셨는데요. 그런 도구를 직접 개발하고 싶진 않으세요?

김   실제로 긁어낸 잔여물을 담는 마대를 고정하는 도구를 직접 만든 적이 있습니다. 마땅한 스크레이퍼가 없어서 부엌용 식칼로 바닥을 긁어가면서 일한 적도 있고요. 하지만 제가 개인적으로 만들어 쓰는 건 한계가 있으니 전문적으로 제작된 도구가 있으면 좋을 것 같아요.

박   겨울엔 일이 드물고 여름에 일이 몰린다고 책에 나와 있던데, 특별히 여름에 사람이 더 많이 죽는다는 뜻인가요? 아니면 여름이라 시체가 더 빨리 발견돼서 의뢰가 더 많이 들어온다는 뜻인가요?

김   여름철엔 부패가 더 빨리 진행되기 마련입니다. 그래서 일반인이 해결할 수 없는 상태가 되어 저에게 의뢰가 들어오는 경우가 많습니다.

박 『죽은 자의 집 청소』는 각 꼭지마다 나온 사연도 슬프고 독특하지만, 무엇보다 그 이야기를 담아낸 언어가 처연하게 아름답고 우아합니다. 문예창작과를 나와 오랫동안 작가로 글을 써오신 걸 알면서도 저절로 감탄이 나왔습니다. 작가님만의 글쓰기 비법이 있다면 알려주시겠어요?

김 제 글쓰기 스타일은 일필휘지의 극단적 반대편에 서 있는 편입니다. 쓰면서 끊임없이 고치고, 쓸 때마다 계속 앞으로 돌아가 수정합니다. 이건 시를 쓸 때 생긴 습관으로, 편집자가 설득하기 힘든 스타일이기도 하죠. 저는 제 글에 대해 문장론을 쓸 수 있을 정도로 문장 하나하나에 확고한 의견을 가지고 있으며 책임도 집니다. 운율도 고려하고, 글의 길이도 고려해요. 글쓰기에서 가장 중요한 건 메타포라고 생각해요. 글에 생동감과 나만의 고유한 목소리를 주려면 메타포가 있어야 하죠. 메타포가 없으면 죽은 문장이라고 생각해요. 예를 들어 '꽃이 아름답다'라는 문장은 아름답지 않아요. 아름답다고 느끼려면 나만의 묘사와 수식, 즉 메타포가 필요한데 그게 없기 때문이에요. 메타포는 대상과 나 사이의 거리를 좁혀주는 역할을 합니다.

박 작가님의 후속작은 어떤 책이 될까요?

김 아내에게 보내는 러브레터이자 유언과 같은 편지를 모은 책입니다. 동시에 세상 모두에게 보내는 러브레터이자 편지이기도 합니다. 이 일을 하면서 내 장례식장을 생각하게 됐고, 내 아내가 그곳에 앉아 있는 모습을 떠올리면서 편지를 쓰고 있어요.

저는 아내에 대해 애틋한 마음이 있어요. 죽음과 관련된 일을 하고 있으니 아직 건강할 때 미리 써두면 좋겠다고 생각했습니다.

이 일을 하면서
분리된 실체라는 개념이
희미해지는 걸 느꼈어요.
여기에 끔찍하다고 생각할 만한
실체가 있는가, 라는 질문을
스스로에게 계속 던지다보니
그 경계 자체가 흐려지더군요.

용수스님

2001년 우연히 달라이라마의 강의를 들은 것이 운명을 바꾸어놓았다. 티베트 불교를 한국에 알리는 일을 하고 있으며, 친절하고 다가가기 쉬운 티베트 불교의 교리를 몸소 실천해 만나는 이들을 감화시키고 있다.

지금 행복하세요

티베트 불교 전파자 **용수스님**

Interview ─────────────────────────────

 어느 날인가 페이스북에서 용수스님의 포스팅이 눈에 띄기 시작했습니다. 저는 불교 신자가 아니지만 평소 불교에 관심이 많았고, 종교보다 철학으로의 불교에 매력을 느끼고 있었습니다. 그러던 차에 불법을 아주 쉽게 실생활을 중심으로 풀어가는 용수스님의 포스팅이 굉장히 재미있고 흥미롭게 다가왔어요. 예를 들어 다이어트에 관한 이야기를 하면서 마지막에는 "그런데 저도 다이어트에는 실패해요."라고 고백하더군요.

 그러던 어느 날 한 통의 메시지를 받았습니다. 저처럼 용수스님의 포스팅에 반한 한 출판사 대표님이 스님에게 책을 내보자고 제안했는데, 그가 인터뷰 책을 내고 싶다면서 인터뷰어로 저를 지명했다고요. 그러니 셋이 한번 같이 만나면 어떻겠느냐는 메시지였어요. 저는 무척 놀랐습니다. 스님과 저는 그 전까지 한번도 따로 소통한 적이 없었거든요.

 결국 책 집필 계약을 한다기보다는 왜 저를 지목하셨는지 여쭈어보고 싶은 마음으로 그를 만나러 갔죠. 자택에서 맛있는 라테와 케이크를 준비하고 기다리던 그는 왜 저를 인터뷰어로 지명했느냐는 질문에 이렇게 대답했어요. "인연이 느껴져서요. 대표님한테도 마찬가지고요." 뭔가 거창한 대답을 기대하고 있던 저와 출판사 대표님은 "아…" 하고 반응할 수밖에 없었습니다. 하하하. 그렇게 1년에 걸친 우리의 인터뷰 프로젝트가 시작되었습니다.

그 기간 동안 우리는 SNS를 현명하게 사용하는 방법에 대해, 그리고 인간의 근원적인 감정인 질투, 시기심, 분노, 자살, 고독 등 실생활과 밀접하게 관련된 다양한 주제에 관해 활발하게 이야기를 나누었습니다. 저는 징글징글한 현실의 문제를 끌어다 노골적인 질문으로 스님을 괴롭히는 역할을 맡았는데, 그는 때로 아주 놀랄 만큼 솔직하게 본인이 생각하는 해결법이나 대처 방법을 알려주었습니다.

이 글에는 2024년 여름 출간된 용수스님 인터뷰집에는 실리지 않았지만 제가 꼭 소개하고 싶었던 이야기를 담았습니다. 인간 용수스님에 대한 탐구이자 '인생을 어떻게 살아갈 것인가'라는 질문에 대한 지혜의 글입니다.

박   스님은 어렸을 때 가족과 함께 미국으로 이민 가서 한국계 미국인으로 살다 우연히 달라이라마의 강연을 접하고 불교에 귀의했다고 하셨는데요. 어떻게 이민을 가신 건지 그 이야기를 간략하게 해주시면 좋겠습니다.

용 1978년 제가 아홉 살 때 미국에 가게 됐어요. 당시에는 미국 이민의 기회가 많이 제한되어 있었다고 합니다. 그때 제 아버지가 약사였어요. 서울에서 약국을 하셨는데 손님이 아주 많았다고 합니다. 아버지가 장남이었는데 약국을 운영해서 형제자매들을 보살피는 게 힘들어서 미국으로 가셨다는 말을 나중에 친척에게 전해 들은 적이 있어요. 그게 사실인지는 모르겠어요. 아버지는 살아 계실 때 그런 이야기를 하신 적이 없거든요.

어떤 사정으로 오게 되었든 저는 미국에서 살 수 있었던 걸 감사하게 생각해요. 한국과 달리 미국에서는 교육에 대한 압박이 적은 편이거든요. 물론 미국에 와서도 여전히 아이들에게 좋은 성적을 받아야 한다고 압력을 가하는 한국 부모들이 많지만, 제 아버지는 저를 자유롭게 풀어놓고 키우셨어요. 그래서 운동도 많이 할 수 있었지요.

영어를 유창하게 구사할 수 있게 된 점도 감사하게 생각해요. 아무래도 영어를 할 줄 아는 사람의 세계는 넓어지게 마련이니까요. 못 가는 곳도 없고, 접할 수 있는 지식도 방대해졌죠. 그래서 불교도 접할 수 있었고요.

미국은 개인의 개성을 중시하고 그것을 자유롭게 개발할 수 있는 나라예요. 캠핑 같은 문화가 발달해 여러 가지 활동을 하면서 대자연을 접하기도 좋았고요. 하지만 그곳에 사는 내내 내가 미국인이 아니라는 느낌이 드는 건 어쩔 수가 없었어요. 대학생이 돼서는 나도 미국인이라는 점을 내세우고 싶어 애를 쓰기도 했죠. 이건 미국에서 자라는 동양인이라면 공통적으로 느끼는 정서라고 할 수 있어요.

나중에 출가하고 나서 돌아보니 그때 저는 항상 열등감을 갖고 있었고, 자신감도 부족했어요. 진정한 소속감도 없었고, 박탈감도 느꼈던 것 같아요. 은연중에 2등 시민이라는 의식을 갖고 있었던 거죠. 그러다 한국에 오니 모든 것이 잘 맞았어요. 미국에서는 옷이나 양말을 사면 항상 체격과 맞지 않아 수선을 해야 했는데 한국에선 딱 맞았어요. 미국에 살 때는 제 머릿결이 이상하다고 생각했어요. 미용실에 가면 스타일리스트가 제 머리를 제대로 깎은 적이 한번도 없어서 나올 때마다 기분이 처참했죠. 그런데 대학생 때 한국에 오니 한국 미용사는 5분 만에 머리를 해주더라고요. 그것도 너무나 마음에 들게요. 그때 참 많이 놀랐어요.

나중에 생각해보니 인격이 형성되는 중요한 시기를 한국에서 보냈기 때문에 한국이 내 존재 안에 배어 있었던 거예요. 그래서 미국에서는 왠지 모르게 모든 게 조금씩 불편하고 자존감이 낮고 자신감이 없었던 겁니다. 불교 수행을 하면서 그런 불안하고 불편한 감정이 많이 사라졌지만 아직도 조금은 남아 있어요. 미국에서 자란 소수인종 아이들이라면 누구나 그런 감정이 일정 부분 있을 거라고 생각해요.

박 대학을 마치고 6년쯤 후에 우연히 모교에서 열린 달라이라마의 강연을 듣고 불교에 매료됐다고 하셨는데요. 구체적으로 어떤 면이 스님의 마음을 사로잡았는지 궁금합니다.

용 그분의 말씀이 무척 와닿았어요. 당시 제 나이가 서른 살 정도였는데 그때 불교를 처음 접한 것이었습니다. 한국에 살았더라면 불교를 접할 기회가 많았겠지만 미국에선 그럴 일이 거의 없거든요. 불교를 처음 접했을 때 왠지 모르게 깊은 인연이 느껴졌어요.

박 그렇다면 한국에서 살면서 일찍 불교를 접했어도 스님이 되셨을까요?

용 그러진 않았을 것 같습니다. 한국에서 자랐다면 보통의 한국 사람들처럼 공부를 열심히 하고 주류 문화를 따랐을 거예요. 그런데 미국에서 개방적으로 자란 덕분인지 마음이 열려 있어서 불교의 가르침을 받았을 때 바로 빠져들 수 있었어요. 그때 저는 몸은 한국인이었지만 사고방식은 미국인인 상태였으니까요.

어쨌든 우연히 접한 달라이라마의 모든 말씀이 제게 아주 달콤하게 들렸어요. 그동안 의식하지 못했지만 제가 찾고 있던 말씀이기도 했고요. 달라이라마의 강연은 아주 논리적이고 현실적이고 실용적이었어요. 왜 남을 아껴야 하느냐는 질문에 그게 나 자신에게 행복을 주니까, 라는 식으로 답하셨거든요. 아주 새로운 논리이면서도 깊이 공감할 수 있었죠. 달라이라마는 모든 인간이 똑같은 존재라고 하셨는데 나는 왜 2등 시민이라고만 생각하며 살았을까, 왜 이렇게 생각하지 못했을까, 왜 이런 말을 들어보지 못했을까 하는 깨달음이 왔어요.

그래서 강연 바로 다음 날 서점에 가 불교서적을 사서 읽기 시작했는데 얼마나 재미있는지 시간 가는 줄도 몰랐어요. 불교의 말씀 가운데 성인과의 인연으로 마음이 열린다는 내용이 있는데, 지금 돌이켜보면 제가 바로 그런 경우였어요. 달라이라마 같은 성인을 실제로 만나는 큰 행운이 따랐으니까요.

박 티베트 불교와 한국 불교의 가장 큰 차이점은 뭔가요?
용 한국 불교는 선불교 중심으로 진리를 단숨에 깨우친다는 특징이 있어요. 한번에 깨달음을 얻는다는 뜻입니다. 반면 티베트 불교는 좀 더 체계적으로 진리를 깨우치는 종교라고 할 수 있습니다. 그리고 티베트 불교는 깨달음과 자비심을 분리할 수 없다고 여깁니다. 자비심을 강조하기 때문에 티베트 스님들이 인자하고 자비로우세요. 실제로 만나보면 굉장히 온화하고 부드럽고 친절합니다. 그게 티베트 문화에 면면히 배어 있어요.

박 스님은 미국, 한국, 남프랑스, 동남아시아 같은 다양한 곳에서 두루 살아보셨는데요. 특별히 영성이 더 강하게 느껴지는 곳이 있었나요?

용 남프랑스 도르도뉴 지방의 영적 기운이 세요. 위대한 스승들이 거기서 지내며 종교 활동을 했기 때문에 성지가 되기도 했고요. 그곳에 가면 신성한 기운이 느껴져요. 일반인이 가도 그 기운을 느낄 수 있을 거예요.

박 티베트 불교를 제대로 알기 위해 남프랑스에 가셨다고 들었는데 그때 생활에 대해 말씀해주세요.

용 남프랑스에 무문관이라는 시설이 있는데, 한번 들어가면 얼마간 나올 수 없는 곳입니다. 원래는 3년 3개월을 있어야 하는데, 저를 포함해서 같이 들어간 사람들은 4년이나 지냈습니다. 모두 남자들로, 15명이었죠. 여성이 수행하는 시설은 따로 있었어요. 거기서 티베트 불교의 수행 체계를 거쳤습니다. 보리심, 자비심을 키우는 방법이 많아 티베트 불교를 방편불교라고도 합니다. 뛰어난 방편으로 사람을 교화하기 때문에 위대한 성인이 많이 배출되지요.

제가 모시는 스승은 빼마 왕겔 림포체 님인데 최근 같은 스승을 모시는 수행자들을 만났어요. 4, 5년 만의 만남이었는데 그간 그들이 수행한 결과를 보고 크게 놀랐습니다. 모두 평화롭고 유연하고 자비롭고 열려 있었죠. 그게 티베트 불교의 힘이라고 생각합니다.

박　　수행이 힘들지는 않으셨어요?

용　　제가 본격적으로 수행을 시작한 때가 30대 초반이었는데 힘들다는 생각은 하지 않았어요. 거기 있는 게 굉장히 기뻤어요. 하고 싶었던 일을 했으니까요. 새벽 4시부터 밤 9시까지 수행하고 기도도 두 번씩 했는데 그런 과정은 하나도 힘들지 않았어요. 다만 가끔 수행하다 업이 올라오는 게 힘들었죠. 업이란 수행을 못하게 하는 잡념 같은 걸 말해요. 편하게 수행할 방법을 찾는 것도 업이고요. 보통 수행 첫 1년은 해독 기간이라고 해서 속세의 때를 벗기는 시간이에요. 하지만 저는 그 시절이 비교적 짧았어요. 거기에서의 시간이 처음부터 감사했고, 축복이라고 생각했거든요.

박　　스님은 지금 한국에서 살고 있지만 외국을 활발히 오가시니 비교적 거리를 두고 한국을 지켜볼 수 있는 입장이실 것 같아요. 한국은 이런 면이 좀 지나치다, 라고 느끼시는 부분이 있다면 말씀해주시겠어요?

용　일단 교육열이 지나쳐요. 물론 교육은 필요한 것이고, 저도 교육의 수혜를 입은 사람이지만 교육에 대한 집착이 너무 큽니다. 예를 들어 수많은 외국인이 한국에서 영어를 가르치고 있는데 이것이 결과적으로 얼마나 도움이 되는지는 모르겠어요. 여전히 많은 한국 사람들이 영어를 못하잖아요.

명예욕도 너무 중시하는 것 같아요. 제가 보기에 미신적인 요소, 안 밟아도 되는 절차가 너무 많습니다. 무당에게 굿을 하거나 묫자리를 봐서 이장하는 것, 제사에 집착해서 살아 있는 사람을 못살게 하는 문화도 어느 정도 개선이 필요한 부분이고요. 여성 차별도 심하고 사회가 아직까지도 너무 보수적이에요. 획일적인 교육 때문인지 한국 사람들이 개성이 부족하고 자기 의견을 많이 내지 않는다는 생각도 들었고요.

미국 사람들은 창조성을 키우려고 스스로 노력하는데 한국은 떠먹여주길 바라는 편인 것 같아요. 미국 교육은 질문을 장려하는 편인데 한국은 그런 것 같지 않고요. 한번은 불교 행사에서 의견을 냈는데 질문하지 말고 그냥 기존 시스템을 따르라는 답이 돌아와 놀란 적도 있습니다.

박　　스님은 SNS를 무척 잘 활용하신다는 생각이 들어요. 여기서 '잘한다'는 말은 일상에 아주 자연스럽게 녹아드는 내용의 포스팅을 규칙적으로 올려서 대중과의 거리감을 없앤다는 의미인데요. 포스팅 하나를 작성할 때는 대충 시간이 얼마나 걸리는지, 스님도 '조회 수'와 '좋아요'에 신경을 쓰시는지 궁금합니다.

용　　물론 저도 '조회 수'와 '좋아요'를 신경 써요. 저는 '카페인빨'로 글을 씁니다. 커피를 마시지 않으면 글을 쓸 수 없어요. 포스팅 하나를 쓰는 데는 대체로 얼마 안 걸려요. 일상을 살다가 갑자기 통찰이 떠오르면 그때 조금씩 적어놔요. 다음 날 아침에 자연스럽게 떠오르는 생각이 있으면 그걸 쓰고, 떠오르는 생각이 없으면 전에 써놨던 메모를 참고해 쓰죠. 최대한 자연스럽게 쓰려고 해요.

박　　'조회 수'와 '좋아요'를 보고 그에 맞춰 글을 써야겠다고 생각한 적도 있으세요?

용　　저는 '좋아요'보다 '공유'를 신경 썼어요. 공유한다는 건 글의 내용이 좋다는 의미니까요. 결과가 제 예상과 어긋나 의아한 적도 있지만 대체로는 예상이 맞아떨어지더군요. SNS를 오래 하다 보니 어떤 글이 반응이 좋을지 혹은 좋지 않을지 대충 알 수 있더라고요. 한국은 선불교 중심이라 지혜에 대한 글을 올릴 때 반응이 좋아요. 예를 들어 '다 괜찮아요. 아무 문제 없어요' 같은 글을 좋아하세요.

박   가끔 스님의 포스팅에 화를 돋우는 댓글이 달리는 걸 봅니다. 예를 들어 스님이 키우던 강아지 아띠가 죽었을 때 스님이 제대로 관리하지 못한 탓이라고 공격하는 장문의 댓글을 보고 경악한 적이 있어요. 그런데 스님은 아주 담담하게 본인의 실수임을 인정하시더라고요. 그런 평정심은 어디서 우러나오나요?

용   제가 자존심이 없는 사람인 것 같아요. 그런데 자존심이 없다는 게 좋은 건지 나쁜 건지는 잘 모르겠어요. 저의 포스팅에 "말로 성불하신 분"이란 댓글이 달렸는데, 한편으로는 인정할 수밖에 없더라고요. 그런 면이 있는 건 분명한 사실이니까요.

아띠에 대한 댓글을 보고 슬픔이 더 커졌어요. 제 탓이 크니까요. 물론 울컥하는 마음이 잠시 올라왔지만 반박하는 댓글은 쓰지 않았습니다. 예전에는 제 글에 달린 악플을 볼 때 나쁜 마음이 올라오는 빈도가 높았는데, 요즘은 악플을 올리는 사람들의 마음을 이해합니다. 그런 대처가 가능한 건 제 성격 때문이기도 하고, 수행 덕분인 것 같기도 합니다.

박 책을 읽지 않는 시대가 되어가는데요. 요즘 같은 때는 포교도 SNS를 통하는 게 가장 효과적일까요? 어떻게 생각하세요?

용 부처님의 가르침이든 뭐든 좋은 걸 전파하려면 SNS를 할 수밖에 없는 시대인 것 같아요. 티베트 불교 스님 가운데 유튜브를 안 하시는 분이 거의 없어요. 물론 숨은 수행자들도 있지만 대부분 하고 계십니다. 달라이라마를 포함해서 티베트 불교 스님들의 특징은 아주 실용적이고 현실적이라는 겁니다. 예를 들어 좋은 호텔 방이 제공될 때 그걸 거부하는 게 아니라 최대한 활용해야겠다고 생각하는 식이죠.

박 요즘 인공지능이 무시무시한 속도로 발달하고 있습니다. 가까운 미래에 AI가 종교를 대체하게 될지도 모른다는 생각이 드는데요. 2024년 7월 열린 서울국제불교박람회에서는 AI 부처 인생 상담 서비스가 큰 인기를 끌기도 했고요. 이런 시대에 종교는 사람들에게 어떤 의미가 있을까요? 또 어떤 역할을 해야 할까요?

용 불교에서 가장 중요하고 필요한 것은 선지식을 가진 스승입니다. 그런데 한국에는 그런 스승이 없어요. 그것이 위기를 불러오죠. 불교는 스승을 따라야 하니까요. 선지식은 도의 반이 아니라 도의 전부란 말도 있어요. 선지식, 즉 스승이 있어야 사람들이 나아지고 변화할 수 있습니다. 위대한 스승은 좋은 영향력을 발휘합니다. 그런데 지금은 그런 스승이 나오기가 쉽지 않은 시대예요. 아마도 다들 먹고살기 힘들어서 그런 것 같습니다.

박　서울국제불교박람회에서는 이른바 MZ세대 정서에 맞춰 다양한 체험을 즐길 수 있게 하고, 뉴진스님이라는 이름으로 활동하는 개그맨 윤성호 씨를 섭외해 EDM 디제잉 공연을 하기도 했습니다. 한편 말레이시아 같은 국가에서는 이런 행사를 못마땅하게 바라보고 있다는 기사도 나왔습니다. 청년들을 끌어들이려면 불교도 점점 힙해져야 하는 걸까요? 스님은 이런 현상에 대해 어떻게 생각하세요?

용　저는 뉴진스님을 보고 한편으론 부끄러운 마음이 들었습니다. 이미 불교가 위기에 처해 있다는 건 알고 있었지만 더 큰 위기감이 들었어요. 그런 행사로 인해 사람들이 불교를 오해할 여지가 크다고 생각했기 때문입니다. 다시 설명하자면 스님들과 일반인들이 불교 포교가 이런 방향으로 가야 한다고 생각할까 봐 두려웠습니다. 그래서 이런 현상을 안타깝게 생각합니다.

　청년들이 명상에 관심이 있는 것도, 삶을 돌아보려고 하는 흐름이 있는 것도 사실입니다. 그러니 그들을 도와줄 방법이 있으면 좋죠. 예를 들어 홍대선원이라는 곳이 있어요. 이른바 조금 힙한 게스트하우스 겸 명상센터 같은 곳입니다. 조계종 스님들이 운영하는 곳인데, 명상을 배울 수 있고 불교에 관심 있는 분들이 모여 활동할 수 있습니다. 한국 청년들에게 그런 곳이 필요했던 것 같습니다. 그런 식으로 불교가 달라지는 건 환영하지만, 뉴진스님 같은 방향은 저로서는 회의적입니다.

박 '유리 멘탈'이란 말이 있잖아요. 제가 20대 대학생인 딸에게도 가장 강조하는 것이 멘탈을 강하게 유지하라는 것입니다. 어떻게 하면 '강한 멘탈'을 유지할 수 있을까요?

용 일단 휴대폰과의 관계가 중요할 것 같습니다. 산만함과 약한 멘탈은 깊은 관계가 있습니다. 예전 사람들에 비해 요즘 사람들이 훨씬 더 산만하고 초조해하는 경향이 커요. 그게 다 휴대폰 때문이거든요. 그래서 휴대폰과 건강한 관계를 맺어야 합니다. 뭔가를 재미있게 보는 건 중요해요. 하지만 재미도 없는데 습관적으로 아무 생각 없이 보는 건 경계해야 합니다. 그런데 다들 그러고 있습니다. 재미도 없는데 왜 보는지 몰라요. 그러면서 시간이 휙휙 지나가지요. 그게 사람을 예민하고 불안하고 초조하게 만듭니다.

박 카르마에 관해 얘기해보고 싶습니다. 전에는 인과응

보라는 말을 믿었는데 요즘은 딱히 그렇지도 않은 것 같아요. 우리는 카르마가 있는 걸 어떻게 알 수 있을까요?

용 카르마에는 두 가지가 있어요. 단기적인 카르마와 장기적인 카르마예요. 즉 카르마의 결과가 즉각 나타나는 경우도 있고, 오랜 시간에 걸쳐 서서히 나타나는 경우도 있어요. 단기적인 카르마의 예를 들자면 나쁜 짓을 하면 행복할 수 없다는 거예요. 예를 들어 내가 100만 원을 훔쳤어요. 그러면 잠깐 기분이 좋을 수는 있지만 결과적으로는 마음에 걸려요. 그게 사람이에요. 행복의 원리는 단순해요. 나쁜 짓을 하고 살 수 없어요. 그리고 장기적으로도 결국 나쁜 일이 생겨요.

반대로 내가 베풀면 즉각적으로 마음이 열리고 평화로워져요. 그러려면 순수한 마음으로 베풀어야 해요. 장기적으로 복을 쌓았기 때문에 좋은 일이 생기죠. 덕분에 돈에 대한 집착이 줄어들고, 풍족하게 살아가게 되고요. 인과법칙은 틀림이 없습니다.

박 외로움을 해소하려면 의미 있는 관계를 맺어야 한다고 저와 같이 작업한 책에서 말씀하셨는데요. 요즘 유튜브를 보면 지능이 높은 사람일수록 친구가 없다, 친구가 있을 필요가 없다는 내용이 많이 올라오더라고요. 그 점에 대해 어떻게 생각하세요?

용 동의합니다. 친구가 많을 필요는 없어요. 살면서 좋은 친구는 많으면 세 명, 적으면 한 명이면 됩니다. 더 많을 필요가 없어요. 좋은 친구가 아니라면 아예 없어도 되고요. 친구가 어떤 면에선 해가 되기도 하거든요. 특히 깊이 사귈수록 조심스러운 태도를 가져야 해요. 친구로 인해 상처를 받거나 괴로운 일도 많으니 어느 정도 거리를 두고 사귀는 것이 좋습니다. 가까이 지낼수록 불만이 생길 확률이 높으니까요.

박 저와 나눈 많은 이야기 가운데 자살에 관한 부분이 기억에 남습니다. 그때 "왜 자살했는지"보다 "어떻게 아팠는지" 물어보라고 하신 말씀이 참 다정하게 느껴졌습니다. 아픔을 겪고 있는 사람에게 "왜 힘들어"가 아니라 "어떻게 힘들어"라고 물어봐주면 어떨까 하는 생각이 들었습니다.

용 맞는 말씀입니다. 우리는 공감력을 키울 필요가 있습니다. 자신을 잘 알아야 남에게 공감하는 힘도 커집니다. 자신을 모르면 공감력도 떨어지고요. 마음공부를 하면 다른 사람의 입장도 더 잘 알게 되는 것 같습니다.

박 스님께서는 죽음명상을 하시는 것으로 알고 있습니다. 마지막으로, 죽음명상을 하는 방법에 대해 간단히 알려주시겠어요?

용 시간이 다 가고 있다, 시간이 없다, 라고 자신에게 말해주는 거예요. 그리고 자기가 죽는 순간을 떠올리고 상상해보는 거죠. 그러면 지금 내 앞에 있는 모든 소유물이 사라지고, 내가 아는 모든 사람과 영원히 이별하게 됩니다. 그렇게 이 삶의 무상함이 더 생생해지면서 모든 것이 소중해지죠.

지갑을 잃어버렸다가 다시 찾으면 얼마나 반가워요. 감사하죠. 그렇듯 이 인생, 나라는 존재가 언젠가 없다는 사실을 알면 소중해지는 겁니다. 그걸 자신에게 상기시키는 거죠. 그러면 감사하는 마음이 생기고 시간을 낭비하고 싶지 않아져요. 옆에 있는 인연이 감사하게 느껴지고 미안한 마음도 생기고요. 현실을 환기하는 것이 수행입니다.

나라는 존재가 언젠가
이 세상에 없다는 사실을 알면
모든 것이 소중해집니다.
옆에 있는 인연이 감사하게 느껴지고
미안한 마음이 생기지요.
현실을 환기하는 것이 수행입니다.

전병근

『읽지 못하는 사람의 미래』 저자.「조선비즈」지식문화부장과 한국출판문화산업진흥원 정책연구통계센터장을 지냈다. 디지털 시대 휴머니티의 운명에 관심이 많으며, 책 읽기의 새로운 가능성으로 '돌봄의 읽기'를 제안한다.

앎을 돌보는 사람

지식 큐레이터 **전병근**

Interview ─────────────────────────

  지식 큐레이터 전병근 님과의 인연은 오래전으로 거슬러 올라갑니다. 처음 그를 알게 된 건 밤이 깊어가던 어느 날 걸려 온 한 통의 전화 때문이었습니다.

  번역가 친구의 소개로 전화를 했다는 낯선 남자의 목소리를 듣는 순간 마음이 두근거렸습니다. 제게 새로운 기회의 문이 열릴 것 같은 예감이 들었기 때문입니다. 그 예감은 적중했고, 당시 카카오에서 북클럽 오리진이라는 채널을 맡아 지식 큐레이터로 일하던 전병근 님은 제게 노승영 번역가와 함께 번역가의 일상에 관한 글을 올려달라고 요청했습니다. 편집은 본인이 하겠다면서요. 제가 기쁜 마음에 그 자리에서 승낙하자 그가 이렇게 말했던 기억이 납니다. "그렇게 바로 하겠다고 하지 말고 좀 생각을 해보고 대답해주세요." 저는 그 말을 듣고 깔깔거릴 수밖에 없었습니다.

  첫 번째 글을 보내고 나서 지정된 날 북클럽 오리진에 들어간 저는 깜짝 놀라고 말았습니다. 제가 쓴 글과 상당히 다른 글이 올라와 있었기 때문입니다. 하지만 분하게도 전병근 님이 대대적으로 고친 글이 제가 쓴 글보다 열 배, 백 배 좋아서 아무 항의도 하지 못했던 기억이 납니다. 그 후 연재하는 내내 그에게서 혹독한 글쓰기 지도를 받았고, 덕분에 노승영 번역가와 제가 쓴 글들을 모은 『번역가 모모씨의 일일』이라는 책이 세상에 나올 수 있었습니다. 이 책이 나오는 데 전병근 님이 산파 역할을 했다고 해도 과언이 아닙니다. 그 후로도 저는 그가 쓴 글과 번역한 책을 읽으며 매번 비범한 지성과 날카로운 통찰에 놀라곤 했습니다. 이번 인터뷰 역시 그의 이야기를 듣고 쓰는 내내 독자로서 감탄하지 않을 수 없었습니다.

박　　　선생님은 지식 큐레이터로 활동하고 계시는데요. 출판 평론가나 서평가 같은 직업은 익숙하지만 지식 큐레이터란 직업은 좀 낯선 느낌이 듭니다. 지식 큐레이터는 어떤 일을 하는 직업인지, 그 일을 왜 선택하셨는지 말씀해주세요.

전　　　지식 큐레이터는 제가 독립하면서 만든 직명이라 할 수 있는데요. 사실 저는 지식이라는 한자어보다는 앎이라는 우리말로 설명하는 것을 좋아합니다. 앎이 인간의 삶에서 중요한 활동이며, 잘 살아가려면 아는 것이 중요하다는 점은 굳이 설명하지 않아도 될 겁니다. 일찍이 아리스토텔레스는 "모든 인간은 본성적으로 알려고 한다."라고 했어요.

사람들은 대개 책이나 여행이나 경험을 통해 궁금한 걸 해소하는데요. 제가 지식 큐레이터라고 할 때 염두에 두는 앎은 좀 더 넓고 깊은 의미를 담고 있습니다. 사람들은 흔히 앎이라고 하면 지식의 내용, 즉 '무엇을' 아는가에 방점을 두는데, 저는 거기서 한 걸음 더 나아가 '안다는 것' 혹은 '알려는 노력' 같은 활동 자체에 관한 관심까지 포괄하고 있습니다.

박   앎이 중요하다고 느끼신 건 언제였나요?

전   어렸을 때부터 뭔가를 새로 배우고 알게 되면 좋았어요. 그래서 책이 좋았죠. 그러다 보니 책을 통해 내게 이런 기쁨과 감동을 주는 분들이 훌륭해 보였고, 막연하게나마 나도 그런 사람이 되면 좋겠다고 생각했어요. 고3 때 뒤늦게 진로를 문과 쪽으로 바꾼 것도 책의 영향이었습니다. 처음 자연계를 지망한 이유는 자연과학이나 수학에는 확실한 법칙이나 답이 있으니 공부해볼 만하겠다고 생각했기 때문이에요.

그런데 2학년 겨울방학 때였던가, 슈바이처 박사 전기를 읽으면서 생각이 바뀌었어요. 아시다시피 슈바이처 박사는 원래 뛰어난 오르가니스트이자 철학박사로 다재다능한 사람인데, 인생 후반에 의학 공부를 해서 아프리카로 가 평생 봉사 활동에 헌신했잖아요. 결국 저도 다른 사람들에게 뭔가 도움이 되는 일을 해야겠다고 생각했습니다.

다만 아픈 사람을 치료하는 의사가 되기보다는 뭔가를 많이 알아 다른 사람의 삶에 도움이 되는 깨달음을 전해주고 싶다고 생각했어요. 그러자면 공부를 열심히 해야겠고, 그렇다면 인간으로서 알아야 할 건 뭘까 고민해보니 철학, 역사, 문학 같은 것, 즉 인문학이라는 답이 나오더군요. 대학에서 그런 공부를 해야겠다 싶어서 고 3이 되자마자 담임선생님에게 과를 바꾸고 싶다고 말씀드렸어요.

박 선생님 반응은 어땠나요? 당시엔 전과가 쉽지 않았을 것 같은데요. 부모님의 반응도 궁금하고요.

전 감사하게도 담임선생님이 제 이야기를 잘 들어주셨고 이해해주셨어요. 다만 반 편성이 끝난 상태에서 과를 바꾸고 반을 옮기려니 행정적으로 어려움이 많았어요. 그래서 자연계 반은 그대로 유지하되 저 혼자 책걸상을 인문계 교실로 옮겨가 수업을 듣고 학력고사를 치는 걸로 조정했어요.

부모님은 특별히 반대하시진 않았어요. 어머니는 원래 저를 믿고 맡기시는 편이었어요. 아버지는 일찍부터 저를 법관으로 만들고 싶어하셨던 터라, 저의 뒤늦은 인문계 지망이 내심 반가우셨던 것 같고요. 우여곡절 끝에 힘든 길을 자초했지만,

다행히 결과가 좋았어요. 제가 선택한 목표였기 때문에 그만한 열정과 집중력이 뒷받침될 수 있지 않았나 싶어요. 공부하는 과정이 무척 즐겁고 재미있었습니다.

그게 아주 중요한 점인 것 같습니다. 모든 게 나의 삶을 위한 나의 '선택'이었고, 다른 누구도 아닌 내가 책임을 져야 했다는 점이요. 요즘 청소년들은 어렸을 때부터 대학이나 진로를 선택할 때 부모님의 압박이 큰 것 같아요. 자의가 아닌 타의로 하는 공부이니 즐거울 리 없죠. 그런 면에서 저는 운이 좋았다고 생각합니다.

문제는 처음 목표는 대학에서 철학이나 역사를 공부하는 것이었는데 입시 성적이 너무 잘 나와서 선생님들이 법대를 지원하라고 권하기 시작한 거였어요. 당시는 서울대 법대를 한 명이라도 더 보내야 명문고로 인정받는 분위기였거든요. 아버지 역시 법대 진학을 바라셨고요.

결국 효도도 하고 대학에 가서 하고 싶었던 공부를 하려고 법대에 입학했습니다. 그런데 막상 대학 생활을 해보니 생각했던 것과 많이 달랐어요. 당시 우리 사회와 정치 현실에 눈을 뜨면서 내가 생각했던 법학 공부나 판검사의 길만이 '정의'에 봉사하는 것은 아니라는 생각이 들었고, 고민은 깊어만 갔지요.

1학년 때 저처럼 방황하는 동기들이 많았습니다. 다들 그때까지 공부 잘하는 모범생의 길만 걸어왔기에 삶의 목표를 제대로 탐색할 여유가 없었으니까요. 그런 고민을 하는 사람들은 크게 두 부류로 나뉘었어요. 원래 하던 대로 사회적으로 공인된 '성공'의 길을 따라가기로 한 사람들, 그리고 다른 세상에 눈을 뜨고 조금씩 자신이 추구하는 삶을 만들어가겠다는 사람들로요.

후자의 경우 처음에는 불안하기 마련이에요. 가던 길, 주류의 길에서 벗어난다는 두려움도 크고요. 저도 그랬어요. 1학년 때는 교양 과정이라 전공에 대한 부담 없이 인문 사회 과목을 자유롭게 들었지만, 알아야 할 게 많다는 생각에 정신적으로 많이 방황했습니다.

그러다 2학년이 되어 본격적으로 진로를 고민하면서 법은 제 길이 아니라는 판단을 내렸고, 더 깊이 고민하고 더 많은 책을 읽기 위해 휴학을 결심했습니다. 그 무렵 마침 서초동에 국립중앙도서관이 생겼어요. 그곳에 거의 매일 출퇴근하다시피 하며 온종일 책을 읽었죠.

박 그때는 어떤 방식으로, 무슨 책을 읽으셨나요?

전 사회, 역사, 철학, 문학 가리지 않고 읽었어요. 문화사, 사상사, 철학사 같은 책을 읽으면서 거기 나오는 책이나 저자를 다시 찾아 읽곤 했습니다. 서양 철학을 공부하다 고대 희랍어 수업을 들은 기억도 나네요. 그때는 길게 보고 유학을 갈 생각까지 했어요. 좀 오만한 말일 수 있는데, 당시만 해도 학교에서 들을 수 있는 강의 수준이 제 기대치에 미치지 못했거든요. 국내에 출판된 책도 질과 양 면에서 많이 부족했고요.

그래서 원서와 영자지를 읽기 시작하다 보니 외국에서 좀 더 깊이 있게 배우고 싶다는 마음이 들더라고요. 그러려면 거기에 맞춰 준비해야겠다 싶어 서양 고전을 읽기 시작했어요. 학문의 기본은 고전이라고 생각했거든요. 그 생각은 지금도 변함없습니다. 한국은 여러모로 발전했지만, 앎의 차원에 있어선 여전히 외국으로부터 배울 게 많아요.

학문의 깊이와 범위와 다양성을 볼 때 좋은 것을 많이 접하려면 한글로 된 자료뿐만 아니라 영어로 된 자료도 실시간으로 읽는 게 좋습니다. 고전을 비롯한 인류가 그동안 쌓아온 지적 유산을 읽고 공부하는 것도 중요하고요.

요즘은 베스트셀러나 신간 도서들이 집중적으로 조명을 받지만 그럴수록 잊지 말아야 할 점이 있습니다. 문화란 오랜 세월에 걸쳐 축적된 것이기 때문에 그 근본 토대를 알지 못하면 그 위에 쌓인 것들도 제대로 알지 못한다는 사실입니다. 결국 그런 앎은 피상적인 앎에 머무를 수밖에 없죠.

어쨌든 저는 1년 후 복학해서 부전공으로 정치학을 선택해 다양한 관련 수업을 들었고, 결국 정치학과 대학원에 진학했습니다. 당시 혼란스러운 정치 상황을 지켜보면서 권력과 가치의 문제에 관심을 가진 결과였어요.

박 휴학 기간이나 학교 다닐 때 경제적인 문제는 어떻게 해결하셨나요?

전 개인 과외도 하고 학원에서 학생들을 가르치기도 했습니다. 그때는 우리 경제가 한창 성장하던 시기라 취업에만 골몰해야 할 상황은 아니었어요. 취직은 어떻게든 할 수 있을 거라 믿었고, 그랬기에 인간 사회나 역사의 방향 같은 큰 문제를 고민할 수 있었죠. 그런 면에서 운이 좋았다고 할 수 있겠네요.

청년들이 뜻을 품고 뭔가 의미 있는 일에 도전하려면 실패하더라도 최소한의 생활은 가능하게 해주는 안전판이 있어야 하는데, 그때는 그런 것에 대한 믿음이 있었어요. 그래서 학교 다니는 동안 줄곧 내가 사회에서 어떤 역할을 할 수 있을까를 고민할 수 있었습니다. 내가 속한 공동체에 기여하는 일을 하자고 생각하면 동기부여가 훨씬 더 잘 되거든요.

그래서 말인데 내가 가지고 있는 재능이 무엇이고, 그것을 어디에서 어떻게 발휘할 수 있을까, 그러려면 어떻게 잘 가꿀 수 있을까를 고민하는 것이 중고등학교 시절의 중요한 과제가 아닐까 싶습니다.

박 실제로 청소년을 대상으로 강의할 때 그렇게 말씀하시나요? 그럴 때 반응은 어떤가요? 지금은 대학을 졸업해도 취직 자체가 너무 힘들고 경쟁도 치열하잖아요.

전 그래서 더욱 우리 같은 성인이 청소년에게 어떤 신호와 메시지를 보내는가가 중요하다고 생각합니다. 제가 중고생을 대상으로 한 강연에서 사회에 도움이 되는 일을 생각하고 준비하는 게 좋다고 말하면 기쁘게도 대체로 호의적인 반응을 보입니다.

문제는 젊은 세대가 아니라 기성세대입니다. 이들이 자꾸 경쟁이 중요하다는 메시지만 전하는 것 같아 안타깝습니다. 각자가 가진 잠재력을 발휘해서 공동체를 발전시킬 수 있는 쪽으로 가도록 동기부여를 해주는 게 중요한데 말이죠.

박 선생님은 언론인으로서 「조선비즈」에서 지식문화부장으로 일하셨고, 그 전에는 공군사관학교 국제관계학 교수를, 그리고 존스홉킨스 대학교 부설 국제대학원에서는 객원연구원을 지내셨습니다. 언론인으로나 연구원으로나 굉장히 화려한 경력을 보유하셨는데 결국 책의 세계에 정착하신 이유가 뭔지 궁금합니다.

전 대학원 졸업 후 유학을 앞두고 병역을 마쳐야 했는데 마침 공군사관학교에서 교수 요원 자리가 나서 거기서 일종의 대체 복무를 했습니다. 생도들에게 비교정치와 국제정치, 교양 과목을 가르치면서 잠깐이나마 연구하고 강의하는 교수 생활을 맛볼 수 있어 좋았습니다. 그러면서 많은 것을 배웠지만 한편으로 유학에 대한 생각이 달라졌습니다. 연구실과 강의실을 오가는 교수로 평생을 보낸다면 너무 답답하고 폐쇄적인 삶이 될 것 같다는 생각이 들더군요. 그때까지는 줄곧 학교에서만 살아온 셈인데, 학교 밖의 진짜 세상을 알고 싶었습니다. 제가 생각하는 앎의 대상이란 책에 국한된 것이 아니었어요. 앎의 세계에서 책은 분명 특별하지만 전부는 아니니까요. 그래서 퇴역 직후 언론사에 들어갔습니다.

언론사를 택한 것도 사실은 세상을 더 알고 싶고, 알게 된 것을 사람들과 나누고 싶은 마음의 연장선이었습니다. 실제로 기자로 생활하면서 많은 것을 접하고 배웠습니다. 국제부에 자원해서 오래 근무했던 것도 국내 상황뿐만 아니라 해외 곳곳의 사정을 잘 알아 제대로 전달하는 것이 언론인의 중요한 사명 가운데 하나라고 여겼기 때문이에요. 저 자신도 드넓은 바깥세상을 알고 싶었고요.

브라질 상파울루에서 1년 동안 중남미 특파원으로 일하면서 많은 것에 눈뜰 수 있었습니다. 그때만 해도 남미는 한국인이 거의 모르는 땅이었어요. 그래서 그곳에 처음 갔을 때 문화적인 충격도 많이 받았습니다. 그곳 사람들은 인생을 기본적으로 즐기는 것이라 생각하고, 즐기기 위해 필요한 만큼만 일하고 있었거든요.

남미가 한국보다 여전히 후진국이고 생산성이 떨어진다고 비판하는 사람도 많지만, 저는 지금 한국인들이 남미 사람들보다 더 행복한지에 대해서는 의문을 갖고 있어요. 어쨌든 우리와는 완전히 다른 그들의 인생관이나 삶의 방식을 보면서 시야와 앎의 폭을 넓힐 수 있었습니다.

덕분에 한국에 돌아와서도 '인생은 이렇게 살아야 한다'는 한국식 고정관념에서 자유로울 수 있었죠. 정해진 길을 벗어나면 '낙오자'나 '루저'로 보는 시선으로부터 의연해지려면 적극적으로 다른 세상을 체험해볼 필요가 있습니다. 가능한 한 많은 사람과 기회가 되는 대로 해외여행도 하고, 단기 체류라도 해봤으면 좋겠습니다. 안 되면 책으로라도 또 다른 세상을 접해보았으면 하고요. 그러다 보면 혼자서는 외롭고 불안하게 느껴질 수도 있는 '나만의 길'이 결국 옳은 선택일 수 있다는 무언의 지지와 응원을 받게 되고, 그러면서 점점 더 확신이 생기죠.

'모든 책은 결국 한 사람이 시련을 어떻게 이겨냈는가에 대한 이야기다'라는 말에 저는 크게 공감합니다. 결국 이야기란 한 인간이 거쳐온 남다른 경험에서 길어올린 지혜를 다른 사람에게 전달하는 방식이니까요. 우리가 살아가는 환경은 우리의 기대와 늘 충돌합니다. 충돌이 일어나는 것은 주어진 환경에 안주하지 않기 때문이고요. 거기서 새로운 돌파구를 찾아내는 건 새로운 세대, 즉 청년들의 몫입니다. 기성세대가 그 답을 대신해줄 순 없습니다. 다만 자신의 경험담을 들려주고 청년들의 새로운 도전을 격려하고 용기를 북돋워주는 식으로 도움을 줄 수는 있죠.

저는 지금도 살다가 힘들 때면 스피노자나 카프카와 같이 인생에서 큰 시련을 겪었지만 묵묵히 견뎌냈던 이들에 대해 생각합니다. 나만 힘든 게 아니라는 점을 스스로 일깨우는 거죠. 힘든 삶을 견뎌낸 흔적들은, 특히 책이라는 기록과 증언 덕분에 시간과 공간을 초월해 우리 앞에 별처럼 존재합니다.

박 미국에서도 지내셨다고 들었는데 어떤 계기로 가신 건지 궁금합니다. 거기서 어떤 통찰을 얻으셨는지도요.

전 2008년 신영연구기금의 언론 지원 장학생으로 선발돼 미국 연수를 갔다가 IT 혁명을 목격했습니다. 아이폰과 킨들 같은 스마트 기기가 출시되고, 페이스북, 트위터 같은 소셜미디어가 확산되고, 구글 같은 검색 포털이 사람들의 일상을 파고들면서 유력 언론사들이 속속 문을 닫는 것을 보고 큰 충격을 받았어요.

이제 신문사도 디지털 혁명의 파도를 피할 수 없겠다는 생각이 들었습니다. 그래서 귀국하자마자 제가 다니던 회사에 그런 의견을 강하게 개진했죠.

사실 당시 미국 언론계도 새로운 변화에 어떤 식으로 대응해야 할지 몰라 우왕좌왕했고, 그 결과 「허핑턴 포스트」 같은 온라인 매체가 대안으로 떠오르기도 했습니다. 여러 시행착오 끝에 결국에는 디지털을 적극적으로 수용하는 동시에 콘텐츠의 품질에도 집중한 「뉴욕타임스」가 성공을 거두었죠.

저도 언론사는 본질로 돌아가 콘텐츠에 집중해야 한다는 데 동의했지만, 국내 주요 신문사들은 당시 정부 지원에 힘입어 종합편성채널, 즉 상업방송에서 살길을 찾았어요. 그게 회사로서는 '기사회생의 길'이었는지 모르지만, 우리 공론장에는 치명적인 악수였다고 생각합니다.

더는 회사에 연연해하고 싶지 않아 당시 신생 온라인매체였던 「조선비즈」로 자리를 옮겨 지식문화부를 만들고, 여러 가지 콘텐츠를 실험해보기 시작했습니다. 그러던 중 카카오로부터 협력 제안을 받았어요. 당시 카카오는 다양한 콘텐츠 공급자를 물색 중이었는데 제게서 접점을 발견한 거죠. 저는 인터넷에서도 길이와 깊이가 있는 '고퀄'의 콘텐츠가 주목받을 수 있다는 것을 보여주고 싶어 퇴사를 결심했습니다. 그리고 지식 콘텐츠 미디어 채널인 북클럽 오리진을 시작했습니다. 카카오 측은 언론인으로 오랫동안 활동한 제 이름을 내건 채널을 만들어보라고 제안했지만, 저는 그보다(즉 유명인의 팬덤에 기대려 하기보다) 지식, 앎 자체가 우리 사회에 확산되는 것이 중요하다고 생각했습니다. 그래서 '북클럽 오리진'이라는 이름을 내세웠고, 제 역할을 지식 큐레이터로 규정했습니다.

미술관이나 박물관에서 큐레이터가 좋은 작품을 기획 전시하고 대중에게 알리는 것처럼 제가 생각하는 앎의 문화를 사람들에게 전파하고 싶었어요. '북 큐레이터'가 아니라 '지식 큐레이터'라고 한 것도 앎이 책에서만 나오는 게 아니라고 생각했기 때문입니다. 지식을 전달하는 촉매 역할을 하고 싶었던 거죠. 어원적으로 보더라도 큐레이터에는 '돌보는 사람'이라는 뜻이 있습니다. 그러니까 지식 큐레이터란 앎을 돌보는 사람이라는 뜻입니다. 저는 소크라테스가 그 원조라고 생각해요.

박 『다시, 책으로』와 『다시, 어떻게 읽을 것인가』, 이 두 권의 책이 '깊이 읽기'에 대한 화두를 제시해서 뜨거운 반응을 얻었는데요. 선생님의 유려한 번역 덕분에 더 많은 독자에게 이 책들이 가닿았다고 생각합니다. 두 권의 책을 통해 선생님이 평소 가지고 있던 읽기에 관한 생각이 바뀌었는지, 아니면 평소 하던 생각과 맞아 동의하는 마음으로 작업하셨는지 궁금합니다.

전 '인간의 앎'은 책 이전부터 존재했습니다. 그러다 6천여 년 전 문자가 발명되면서 사람들은 글을 쓰고 읽게 되었고, 그 덕분에 앎이 도약할 수 있었죠. 앎이라는 게 뇌가 발달한 인간의 타고난 활동이자 능력이라고 한다면, 읽기란 그 능력을 도약할 수 있게 한 일종의 터보 엔진과 같습니다.

매리언 울프의 『다시, 책으로』를 번역하면서 거기에 자세히 소개된 뇌과학의 연구 성과를 통해 우리가 뭔가를 읽을 때 뇌 회로에 어떤 변화가 일어나는지 알 수 있었습니다. 그 책에는 인간의 지적 능력이 읽기를 발판으로 어떻게 도약할 수 있는지가 잘 소개돼 있어요. 그런 면에서 읽기는 인간이 터득할 수 있는 고도의 정신 활동입니다. 읽기를 통해 사고의 슈퍼 파워를 키워갈 수 있게 된 거죠.

지금은 너무 당연하게 생각하지만 사실 읽기는 많은 노력을 통해 터득되는 엄청난 기술입니다. 우리만 하더라도 초중고를 거치며 학교에서 12년 동안 읽기를 집중적으로 배우고 연마합니다. 그래서 글을 읽는 데 거의 어려움이 없어요.

문제는 그런 글 읽기 능력과 함께 읽고 싶은 책을 자유롭게 읽을 수 있는 시간이 주어져야 진정한 문해력, 즉 읽기와 생각을 다각도로 연결할 수 있는 '깊이 읽기' 능력을 가지게 되는데, 학교에서는 입시 중심의 공부에 집중하다 보니 그렇게 되지 않는 경우가 많다는 것입니다. 그러니 독서라고 하면 지긋지긋한 시험공부를 위한 읽기를 떠올리게 되고, 학교를 떠나면 책과 멀어지는 거예요.

매리언 울프의 책은 '깊이 읽기'야말로 독서의 궁극적인 목표라는 사실을 설득력 있게 보여줍니다. 깊이 읽기는 자신이 관심을 가지는 주제에 대해 시간을 충분히 들이면서 여러모로 생각하며 읽는 행위를 뜻합니다. 그러다 보면 거기에 몰입하면서 생각에 화학적인 변화가 일어나죠.

박   저는 『다시, 어떻게 읽을 것인가』를 재미있게 읽었는데, 아이들이 일반적으로 전자책보다 종이책을 선호한다는 조사 결과가 흥미로웠습니다. 전자 기기와 친숙한 세대이니 전자책을 선호할 줄 알았는데 종이책을 선호한다는 게 반갑기도 했고요. 하지만 앞으로는 환경보호나 비용 등 여러 면에서 종이책의 비중은 점점 줄어들고 전자책과 오디오북이 그 자리를 대체할 가능성이 점점 더 커질 것 같아요. 결국 종이책은 극소수만 남게 될까요?

전   모든 게 기술 환경의 지배력 강화라는 큰 흐름과 관계가 있습니다. 지금의 숨 가쁜 기술 혁신은 인간 본연의 필요를 넘어 자본의 이윤 증식을 위한 산업적 생산과 이를 위한 인위적 수요 창출의 논리에 따른 것입니다. 결국 어느 분야나 수익성이 관건이기 때문에 출판계도 그런 압박에서 벗어나기 힘들 겁니다.

과거에는 문화, 특히 교육 분야는 산업 논리에 맞서 자율성을 지켜야 한다고 믿는 사람들이 많았는데 지금은 모두 산업 논리에 잠식되다시피 했습니다. 이런 상황에서 할 수 있는 일은 같은 뜻을 가진 사람들이 연대해 목소리를 키워가는 것입니다. 결국 권력의 문제와도 연결되는데 그러려면 무엇보다 개개인이 주체적으로 사고하고, 그런 개인들이 여러 형태로 모이고 대화하고 생각을 공유하고 협력함으로써 사회적으로 의미 있는 변화를 가져올 수 있는 세력으로 발전해야 합니다.

저는 그 출발점이 책 읽기이자 책 읽는 사람들이고, 북클럽이라고 생각합니다. 지금의 온라인 연결은 자기 주변에서는 쉽게 찾을 수 없는 다양한 시각과 의견, 취향과 정보를 가진 개인이나 집단을 발견할 수 있다는 장점도 있지만, 속성상 개인을 파편화하고 연결을 얕고 가볍게 만드는 경향이 강합니다. 수동적이고 피상적으로 만드는 경향도 보이고요. 그래서 좋은 보조수단은 될 수 있어도 인간이 대면 접촉하는 오프라인의 관계와 모임과 활동의 고유한 자리를 대체할 수는 없다고 생각합니다. 기술에 의한 피상적 초연결을 넘어서려면 육체를 가진 인간끼리 만나 실제로 접촉해야 합니다.

이때 중요한 것이 깊이 있는 대화입니다. 서로 표정을 보면서 마음을 주고받는 연결입니다. 기술 발전의 추세나 산업적 생산과 수요의 압력으로 볼 때 앞으로 종이책은 희소해지고,

그 결과 다수의 필수재라기보다는 향유 능력이나 소유 의지가 강한 소수의 사치재가 될 가능성이 큽니다. 그런데도 독서에서 종이책의 가치가 최대한 존중되어야 한다고 믿는 이유는 책의 물성이 최소한 인류의 현재 진화 단계에서는 가장 잘 맞는 매체이기 때문입니다.

인간의 종합적인 신체 구조에 최적화된 매체가 종이책입니다. 많은 연구자들이 전자책은 종이책에 비해 깊이 읽기가 어렵다고 공통적으로 이야기합니다. 여기에는 여러 복합적인 이유가 있지만 무엇보다 물성의 차이가 가장 큰 이유일 겁니다. 우리는 육체를 가진 인간이기 때문에 실체가 있는 종이책을 접할 때 더 깊게 읽을 수 있습니다. 종이책을 만지고, 페이지를 넘기고, 책의 냄새를 맡는 이런 과정 자체가 읽기에 몰입하게 만들거든요.

박　　요즘은 문해력의 위기라는 말이 점점 더 자주 나오고 있습니다. 학생들이 단어의 뜻을 잘 몰라서 벌어지는 에피소드도 심심찮게 들려오고요. 그럴 때마다 어른들은 한자를 몰라서 그런 거라고 비난하고, 세상이 빠르게 변하는 시대에 한자를 아는 게 무슨 의미가 있느냐는 반론도 나오고 있습니다. 그 점에 관해서는 어떻게 생각하시나요? 어쨌든 우리는 한자 문화권이니 젊은 세대도 한자를 배워야 할까요?

전 한국은 어느 시점에서 한글 전용 정책을 들여왔기 때문에 그걸 되돌려 모두가 한자를 배워야 한다고 하면 사회적으로 큰 파문이 일 겁니다. 하지만 문화나 저술, 출판 관련 업계에서 글을 다루는 분들은 당연히 한자 공부를 해야 한다고 생각합니다. 글을 읽고 쓰고 다듬고 편집하다 보면 그 필요성을 저절로 느낄 수 있습니다.

우리가 쓰는 단어에는 한자어가 많은데, 특히 개념어가 그렇습니다. 한글로만 썼을 때는 텍스트를 이해하는 데 어려움이 있을 수밖에 없어요. 고전이나 심도 있는 책일수록 그렇습니다. 그래서 교육과정에서 어느 정도 한자에 대한 소양을 길러준다든지 중요한 출판물에서는 한자를 병기한다든지 하는 노력이 필요하다고 생각합니다. 외국어 번역서만 보더라도 뜻을 명확히 하거나 이해를 돕기 위해 원어를 병기하곤 하는데, 중요한 고전의 뜻을 제대로 이해하고 전달하려면 그리스어나 라틴어, 한자, 기타 고어를 알아야 하는 것과 마찬가지죠.

물론 모든 국민, 일반 독자가 그런 능력을 갖출 필요는 없겠죠. 하지만 책임 있는 역할을 맡은 사람이라면 스스로 공부의 필요성을 느끼지 않을까 싶습니다. 이런 사람들을 위한 공적 노력이나 지지는 필요하다고 생각합니다. 말과 글에 관련된 정책은 대단히 민감한 사안이니 사회적 합의가 필요하고요.

박 요즘은 책을 출판할 때 가급적 분량을 줄이는 게 대세라고 합니다. 예를 들어 제가 최근 청소년 소설을 한 권 썼는데 너무 두꺼우면 아이들이 책을 읽지 않는다고 해서 분량을 줄이느라 막판에 고생한 경험이 있습니다. 청소년 책뿐 아니라 대부분의 책이 얇아지는 추세인데, 그런 것이 문해력 약화와 관계가 있다고 생각하세요?

전 물론입니다. 사람은 기술(도구 포함)을 발명하지만, 다시 기술은 사람을 형성합니다. 둘은 끊임없는 순환 관계에 있어요. 사실 책의 분량 문제 이전에 문장의 길이가 짧아지기 시작한 지는 이미 꽤 됐습니다. 그것은 인터넷 문화, 특히 스마트폰의 작은 화면과 순간 접속 방식에 영향받은 결과라고 할 수 있습니다. 이제는 모두가 익숙한 댓글 창의 규격이 지금의 짧디짧은 단문 문화를 만들어낸 거죠.

인터넷 초기만 해도 지금보다는 긴 블로그 형식의 글이 주류였어요. 페이스북이 인기를 끌었던 이유도 제약 없이 자유롭게 긴 글을 싣고 읽을 수 있었기 때문입니다. 하지만 스마트폰에 익숙해지면서 긴 글을 읽기 힘들다는 사람이 늘어났어요. 이제는 동영상도 고배속으로 건너뛰며 보는 시대 아닌가요? 긴 글을 읽으려면 훈련이 필요한데 스마트폰이 반대 방향으로 길들인 결과입니다. 어쩌면 젊은 세대는 긴 글에 익숙해지는 훈련의 기회조차 누리지 못했는지도 모르겠네요.

그런 쓰기와 읽기의 문화가 출판에도 영향을 미쳐 책의 경소단박화로 이어진 것이 아닌가 싶습니다. 압도적인 산업 기술이 삶의 질서를 틀 지우는 과정에서 인간과 그 산물도 바뀌었어요. 그런 중에도 문화 선진국의 고급 언론과 출판사들은 지금도 여전히 빽빽한 글자로 이어진 긴 글, 벽돌 두께의 책들을 출간하고 있습니다.

그러면 왜 길고 복잡한 글을 읽고 쓰는 걸까요? 인간의 정신이 발달하고 고양된다는 말은 어떤 면에서는 복잡성을 높여간다는 말과 같습니다. 수학으로 치면 고차방정식이 어려운 만큼 지적 흥미를 더하는 것과 같고, 게임을 예로 들자면 레벨이 올라갈수록 돌파하는 희열이 커지는 것과 같습니다. 그만큼 인간은 복잡한 문제를 해결하는 능력에 도달한 것을 확인하면서, 다시 말해 앎이 확장되면서 자신감과 자존감이 높아지는 기쁨을 누립니다. 그게 실제 삶을 살아가는 데도 큰 도움이 되고 즐거움도 더해주고요.

안다는 것은 그만큼 점점 더 복잡한 걸 깨달아가는 과정이고, 독서는 바로 그런 상황에 대처하고 문제를 해결하는 주체적 힘을 키워주는 과정인 거죠. 그런 능력이 자라면서 우리의 삶도 더 풍성해지고 더 큰 창의성을 발휘할 수 있습니다. 점점 더 나만의 독특한 것을 이루어낼 수 있죠. 바꿔 말해, 읽지 않고 생각하지 않으면 우리를 수동적인 소비자로 유도하는 디지털 환경 속에서 우리의 정신은 점점 더 단순해지고 수동적으로 변할 위험이 큽니다.

박 선생님의 말씀이나 강의를 들어보면 그야말로 "지식인"이라는 감탄이 절로 나오는데요. 그런 내공은 어디서 나오는 건가요? 꾸준한 독서인가요? 그렇다면 어떻게 독서하시나요? 전 '제대로 읽기'가 중요하다고 생각하는데, 선생님은 평소에 책을 어떻게 '제대로' 읽으시는지 궁금합니다. 그런 노하우가 있을까요?

전 요즘 세대는 어떤 문제의 비결이나 해법을 나 아닌 다른 곳 또는 다른 사람에게서 찾는 데 골몰하는 것 같습니다. 질문마저도 자기 것이 아니라 다른 사람이 이야기했거나 어딘가에서 들은 것인 경우가 많아요. 질문이든 답이든 밖에서 찾는 의존성에서 먼저 벗어나야만 앎의 길이 시작된다고 말씀드리고 싶습니다.

수영이나 자전거를 처음 배울 때도 강사의 지도만 바라거나 뒤에서 누가 잡아주기만 바란다면 그 단계를 넘어갈 수 없잖아요. 맨 처음에는 그런 단계가 필요할 수 있지만 결국에는 두려움을 무릅쓰고 혼자 물속으로 뛰어들고, 혼자 페달을 밟을 때 진전이 시작됩니다.

그러니 먼저 자신과 주변, 세상을 잘 관찰하고 자기만의 호기심과 관심, 열정을 키우기 위한 노력이 필요합니다.

그런 다음 두려워하지 말고 자기만의 앎의 길로 나서보세요. 그럴 때 책은 언제든지 대화할 수 있는 좋은 길동무가 되어줄 겁니다. 세상은 도대체 어떤 곳일까? 내가 아는 게 맞을까? 좋은 삶이란 어떤 걸까? 그러기 위해 필요한 건 뭘까? 다른 사람들은 그동안 이런 문제에 대해 어떻게 생각해왔을까? 과연 그게 맞는 걸까? 이런 질문을 키워가보세요.

세상은 거대한 질문이고 우리는 각자 자기만의 삶으로 답을 작성해갑니다. 혹시 지루하게 느껴지는 시간의 공백이 찾아온다면 당장 즐거움을 안겨주는 보상을 찾으려 하지 말고 자기 내면을 한번 들여다보세요. 자연 속의 어떤 장면이나 동식물, 사물이 선사하는 경이로움에 호기심을 키워가는 것도 방법입니다.

요즘 젊은 세대는 너무나 두꺼운 인공 보호막 안에서 살고 있어요. 진정한 물음이나 창의적인 생각은, 어쩌면 그것에 금이 가거나 그것이 깨지는 삶의 위기가 찾아왔을 때 비로소 싹틀 수 있습니다.

저는 어릴 적 독실한 기독교 신자인 어머니와 유교적인 가치관이 강한 아버지가 자주 갈등을 겪으시는 걸 보면서 자랐습니다. 그런 모습을 보면서 왜 사람들은 같은 세상을 다르게 보는 걸까, 어떻게 하면 함께 좋은 삶을 살 수 있을까를 고민하게 되었고, 결국은 이런 질문들이 저를 세상 모든 앎에 대한 호기심으로 이끌었다고 할 수 있습니다.

이처럼 개인적인 계기나 경험이 진정한 삶의 문을 여는 결정적인 열쇠가 되기도 합니다. 그 경험이 반드시 좋은 것일 필요는 없습니다. 오히려 남모를 고통스러운 체험이 남다른 성취와 창조로 이어지는 경우가 많습니다.

박 북극과 남극 여행을 다녀오셨지요. 저에게도 언젠가 꼭 가보라고 추천하신 적이 있는데요. 그 여행에 대해 들려주시겠어요?

전 저는 기자 시절 해외 취재도 많이 다녔고 개인적으로 여행도 많이 했습니다. 그 시간과 경험 역시 앎의 순간들이었어요. 점점 다양한 곳을 다니다 보니 도시나 유적지에서 자연으로 반경이 넓어지더군요. 킬리만자로산이나 바이칼호수, 갈라파고스제도, 옐로나이프의 오로라 같은 자연 그대로의 모습에 빠져들었습니다. 특히 북극과 남극은 자연 상태 그 자체라 오히려 인간의 문명이나 역사가 더 잘 보이는 경험을 할 수 있었습니다.

인간이 만든 크고 작은 인공 세트장 너머의 거대한 자연, 역사와 문명 이전의 세계를 보면 시야가 확장됩니다. 그럴 때면 우리가 어쩌다 지금 이런 상황에 이르게 되었는지, 앞으로 우리는 어떻게 살아야 하는지에 대해 깊이 생각해보게 되죠. 마음의 눈이 넓어지고 깊어지고 높아지는 조망 효과^{overview effect}를 온몸으로 경험하게 됩니다.

박 저출생으로 학생 수가 급감하면서 학교들이 타격을 입고 있고 그중에서도 대학의 인문학부는 거의 학살 수준으로 통폐합되거나 없어지고 있습니다. 영문과는 이미 없어진 곳도 많다고 합니다. 그야말로 인문학의 위기라고 할 수 있는데요. 책이 그 빈자리를 메울 수 있을까요?

전 오늘날 대학은 사실상 후기산업사회에서 요구하는 지식이나 인력을 배양해 공급하는 역할을 맡고 있습니다. 그러다 보니 전통적인 대학의 출발점이자 본류였던 인문학은 점점 설 곳을 잃어가는 신세가 된 거죠.

그런가 하면 세상이 점점 물질주의와 배금주의에 잠식되면서 전통적인 인문학이 담당했던 삶의 의미와 가치 같은 물음에 대한 답을 바라는 사람들의 갈증은 더 커지고 있습니다. 그것은 인문학 강연이나 고전 읽기 열풍으로 나타나기도 하고, 이따금 영문 모를 인문학 서적이 인기를 얻는 현상으로 나타나기도 합니다.

대학의 인문학과들이 위협받는 상황은 백년대계를 생각해야 하는 국가 차원에서도 심각한 손실입니다. 과거 모든 제국의 말로에서 알 수 있듯, 국력이 아무리 강해도 그 힘이 무엇을 위한 것이고 어떻게 쓰여야 하는지 모른다면 그처럼 위험한 것도 없습니다.

만일 인문학의 거점 기관인 대학에서 인문학과가 맛과 빛을 잃는다면 그 가치를 아는 시민들이 뜻과 힘을 모아 학당이나 공부 모임 같은 단체를 만들어 이어가야겠죠. 그런 움직임은 일찍부터 있었지만 앞으로는 더 중요해지지 않을까 싶습니다.

다만 전문적인 인문 학술 인력은 사회에 반드시 필요한 존재이기 때문에, 그들을 뒷받침하고 지원할 제도적 기반은 국가가 보장해야 합니다. 시민의 예산으로 필요한 일을 해야 하는 국가가 그런 일을 하지 않는다면 대체 누가 하겠습니까? 그게 보장되지 않는다면 책 읽고 공부하는 시민들이 다 함께 들고일어나 목소리를 내야겠죠.

박 책은 사지도 읽지도 않지만, 글을 쓰고 싶고 책을 내고 싶어하는 사람들은 점점 늘어나고 있습니다. 기이한 풍토라고도 볼 수 있는데요. 잘 쓰기 위해 잘 읽어야 하는 이유를 설명해주시면 좋겠습니다.

전 소시지나 순대를 만드는 경우를 예로 들어보죠. 당연히 인풋(안에 넣는 재료)이 많아야 아웃풋(완성품)도 좋아질 수 있습니다. 내용물의 양은 물론 질도 좋아야겠지요. 최근 화제가 되고 있는 챗GPT를 예로 들어볼까요. 이른바 생성형 AI는 LLM(거대 언어 모델)을 기반으로 하고 있습니다. 최근 들어 이 인공지능의 수행 능력이 비약적으로 좋아진 것은 이것이 학습 기반으로 삼는 언어 데이터의 양이 방대해졌기 때문이고 그만큼 컴퓨팅 파워가 커진 결과입니다. 기계의 학습량이 많아진 만큼 답이 정교해진 거죠.

인간의 뇌도 마찬가지입니다. 기본적으로 입력값이 커야 사고의 재료가 많아지고 나오는 결과물도 좋아집니다. 바꿔 말해 다양한 글을 많이 읽어야 그것에 더해 자기만의 창의적인 글을 쓸 수 있습니다. 모국어 작품뿐 아니라 외국의 뛰어난 작품들을 번역해서 읽는 과정을 거칠 때 문화가 크게 발전하는 것과 같은 이치입니다.

앞으로 AI 혹은 AI를 사용하는 사람들이 마구마구 글을 쏟아낼 겁니다. 그러니까 많이 읽는 것이 전부가 아니라 거기에 자신만의 체험과 문제의식, 시선에서 나오는 독창적인 사고를 더해야 합니다. 그래야 잘 쓸 수 있습니다.

박 선생님은 대단한 문장가이시기도 한데요. 글을 잘 쓰는 선생님만의 비법이 있다면 들려주세요. 또 요즘 필사가 유행인데 그것에 대해선 어떻게 생각하시는지도 궁금합니다.

전 저는 제가 대단한 문장가라고 생각해본 적이 없습니다. 글을 되도록 정확히 쓰고 싶다는 뜻에서 잘 쓰려고 노력하는 편입니다. 그런데 우리가 글 잘 쓰는 사람을 부러워하는 이유는 뭘까요? 따지고 보면 인간의 정신이 얼마나 자유로울 수 있고, 그 결과 창의적일 수 있는지는 그의 글을 통해 알 수 있습니다. 글은 인간의 어떤 활동보다도 추상적인 것이면서, 미술이나 음악, 무용, 운동 같은 다양한 활동에서 발휘되는 감각을 모두 합친 복합적이고 종합적인 정신 작용이기 때문입니다.

모든 학습은 모방에서 시작됩니다. 무엇이든 잘하려면 먼저 잘된 것을 제대로 모방하는 데서 출발해야 합니다. 잘 쓴 다양한 글을 자꾸 접하고 모방하다 보면 우리 뇌의 신경회로는 새로운 연결이 생기면서 활성화됩니다. 인간의 모방은 디지털 복사처럼 '복붙'을 수행하는 것이 아닙니다. 우리 뇌는 아날로그이기 때문에 필연적으로 자기만의 해석이 더해집니다. 거기에 자신만의 경험이 덧붙여지면서 플러스 알파가 되고요. 그래서 좋은 글을 많이 읽고 써보는 과정이 필요합니다.

필사가 도움이 되는지 여부는 사람이나 여건에 따라 다르니 일률적으로 좋다 나쁘다를 말하기는 어렵습니다만, 아무래도 눈으로만 읽는 것보다는 손으로 쓸 때 집중도가 높아지고 기억도 오래갑니다. 필사가 싫다면 반복해서 읽고 외우는 게 나을 수도 있습니다. 옛날 수도원이나 서당에서는 그렇게 공부시켰어요.

박　　선생님의 향후 계획이 궁금합니다. 지식 큐레이터로서 앞으로 어떤 활동을 하실지 들려주시면 좋겠습니다.

전　　저는 여전히 알고 싶은 것이 많습니다. 예전에 가졌던 물음들이 알 듯 말 듯 지속되기도 하고, 답을 알았다고 생각했던 것이 다시 혼미해지기도 합니다. 세상이 변화하면서 새로운 질문도 끊임없이 생겨납니다. 저는 지금 우리가 사는 세상이 앞으로 어떻게 될지, 그 속에서 사람들은 어떻게 살아갈지, 나는 어떻게 살아가야 하는지를 끊임없이 고민하고 있습니다.

앎이란 자신과 주변과 세상의 돌봄입니다. 끝이 있을 수 없습니다. 계속해서 알아나가고, 알게 된 것을 다른 사람과 나누고 함께 이야기하는 활동을 제가 할 수 있는 방식으로, 뜻이 맞는 분들과 계속해나갈 겁니다. 구체적으로는 지금 하고 있는 라디오 방송과 북토크, 강연, 책 읽기 모임 같은 활동을 가능한 한 이어갈 겁니다.

그중에서도 제가 제일 소중하게 생각하고 큰 비중을 두는 것은 책 읽기 모임입니다. 인간이 잘 살기 위해서는, 특히 디지털 자동화가 갈수록 심해지는 상황에서는 혼자가 아니라 함께여야 하고, 서로 만나서 이야기해야 합니다. 의식적으로 자율적인 관계를 맺음으로써 소규모 공동체를 만들고 활동해나가는 것이 필요하다고 생각합니다. 그리고 한 가지 더 바란다면, 좋은 책을 남기고 싶습니다.

스피노자나 카프카와 같이
인생에서 큰 시련을 겪었지만 묵묵히
견뎌낸 이들에 대해 생각합니다.
힘든 삶을 견뎌낸 흔적들은,
특히 책이라는 기록과 증언 덕분에
시간과 공간을 초월해
우리 앞에 별처럼 존재합니다.

최영진

판타지 작가이며 네이버 웹소설 창립 멤버이다. 현재는 웹소설을 넘어 드라마 극본으로 영역을 확장했다. 독창적인 세계관, 매력적인 캐릭터 설정, 긴장감 넘치는 플롯으로 대중의 큰 인기를 얻고 있다.

녹지 않는 성실함으로

웹소설 작가 **최영진**

Interview ─────────────────────────

 저는 번역을 하고 글을 써서 먹고사는 프리랜서이다 보니 사람을 만날 기회가 많지 않습니다. 번역이나 글쓰기 모두 혼자 텍스트를 보거나 때로는 상상에 의지해서 하는 작업이라 필연적으로 고독에 익숙해져야 하기도 하고요. 그래서 SNS에 일상을 적은 글이나 사진을 올리고, 댓글로 페친이나 인친들과 소통하면서 사람에 대한 그리움을 달래는 편입니다.

 어느 날 최영진이란 작가가 눈에 들어왔어요. 웹소설을 잘 읽지 않았던 저는 그의 필명이 청빙이라는 것도, 억대 연봉을 버는 잘나가는 웹소설 작가라는 것도, 그의 작품 대다수가 독자들에게 사랑받고 있다는 것도 몰랐습니다. 다만 비가 오나 눈이 오나 슬프거나 아프거나 하루도 쉬지 않고 글을 쓰는 그가, 작가로서나 인간으로서나 점점 궁금해지기 시작했어요. 이 인터뷰는 그런 개인적인 호기심에서 시작됐습니다.

 겨울비가 추적추적 내리는 오후, 약속 시간이 되자 숱이 많은 곱슬머리에 검은 뿔테 안경을 쓴 단정한 외모의 최영진 작가가 카페로 들어왔습니다. 같은 동네 주민이기도 한 우리는 비엔나커피가 맛있기로 유명한 카페에서, 평소에는 엄두도 내지 못하는 엄청난 칼로리의 어마어마하게 달달한 커피를 앞에 두고 인터뷰를 시작했습니다. 인터뷰 내내 작가로서의 성실함과 이야기꾼의 재능이라는 두 가지 요소를 완벽하게 갖춘 그가 몹시 부러운 한편 존경심이 일었습니다. 흔히 웹소설 작가라고 하면 어마어마한 수입만 떠올릴 뿐 그 크나큰 보상 이면에 존재하는 성실함의 가치를 잊기 쉬운데, 그는 그런 창작의 기본을 제게 다시 일깨워줬습니다.

박 청빙이란 필명을 처음 들었을 때 무협지 주인공의 이름 혹은 작명소에서 지은 이름 같다는 생각을 했습니다. 청빙은 무슨 뜻인가요? 어떻게 이런 필명을 지으셨나요?

최 청빙은 푸를 청靑, 얼음 빙氷으로, 만년설과 같은 뜻입니다. 빙하 맨 밑바닥에 있는 아주 오랫동안 녹지 않고 굳어진 얼음을 뜻하죠. 고등학교 시절 저의 문학 동아리 친구가 지어준 필명입니다. 당시에도 제가 쓰던 글이 서늘하고 호러틱한 분위기를 풍겨, 친구가 앞으로도 오랫동안 변하지 않고 녹지 않는 글을 쓰라고 지어주었지요.

박 와, 친구가 지어준 필명이라니 감동이네요. 문학 동아리에서 소설을 쓰셨다고 했는데 회원들이 다 소설을 썼나요?

최 아뇨. 당시 우리 동아리는 시화전 위주로 활동했는데, 그 친구랑 저는 중단편 길이의 소설을 썼습니다. 저는 그때도 호러 스토리를 좋아했고, 당시 인기 있던 일본 해적판 만화를 많이 읽고 거기서 영감을 받아 판타지도 썼어요. 계속 쓰다 보니 어느새 대학노트 세 권이 됐어요. 그 노트들을 친구에게 빌려줬는데 좀처럼 돌아오지 않는 거예요. 알고 보니 근처 여고까지 갔더라고요. 나중에 돌아온 노트를 보니 짧은 감상 비슷한 것이 적혀 있었어요. 요즘으로 치면 댓글 같은 거죠. 재미있었다는 말도 많았고, 수업 시간에 공부 안 하고 이런 걸 쓰면 되느냐는 장난기 어린 말도 적혀 있었어요.

박 쉬는 시간이나 혼자 있을 때만 쓴 게 아니라 정말 수업 시간에도 쓰신 거예요?

최 네. 선생님들은 설마 제가 소설을 쓰고 있을 거라고는 생각 못하셨던 것 같아요. 제 안에서 이야기가 막 샘솟았고, 쓰고 나서 친구들에게 보여주면 재미있다는 반응이 돌아오니 멈출 수가 없더라고요. 아마 그때부터 이 일을 하고 싶다는 생각을 했던 것 같아요.

박　　와, 그때부터 작가의 싹이 나타난 거군요. 어렸을 때부터 책을 많이 읽으셨나요?

최　　네. 책 읽는 걸 좋아했어요. 아버지가 선생님이었는데 한 질짜리 전집을 많이 사주셨어요. 때로 엄마가 살림은 해야 할 것 아니냐고 푸념할 정도로요. 대학을 졸업할 때까지 얼추 만 권 정도 읽은 것 같습니다. 대학에서는 문예창작을 전공했기 때문에 그 4년 동안에도 많이 읽고 글쓰기를 단련할 수 있었죠. 제가 작가로 생활할 수 있는 건 그 시절의 독서와 글쓰기 덕분인 것 같습니다.

박　　원래 대학교 전공은 글쓰기와 상관없었는데 군대 전역 후 수능을 다시 쳐서 문예창작과에 진학하셨다고 알고 있습니다. 처음 전공은 뭐였나요?

최　　사학이었어요. 아버지가 역사 선생님이라 집에 역사 관련 책이 많았고, 저도 국사와 세계사를 좋아했거든요. 처음에는 국어교육과를 가고 싶었는데 성적이 안 될 것 같아 결국 사학과를 갔어요. 지금 생각해보니 오히려 잘한 일인 것 같아요. 교사가 됐다면 소설을 쓸 시간이 나지 않았을 테니까요.

박　　저도 그렇게 생각해요. 그런 면에서 문창과도 좋지만, 사학과를 계속 다녔더라면 작품을 쓸 때 다른 면에서 도움이 되지 않았을까요? 예를 들어 역사 소설을 쓸 수도 있었을 거고요. 물론 『호접몽전』이 역사 계열이긴 합니다만.

최   시오노 나나미의 『로마인 이야기』가 처음 나왔을 때 그런 생각을 하긴 했어요. 역사를 전공했더라면 나도 저런 이야기를 쓸 수 있었을 텐데, 하고요.

박   작가님은 군대에 있을 때 상상한, 혹은 목격한 기괴한 이야기를 틈날 때마다 수첩에 적었다고 들었습니다. 그때 수첩에 썼던 이야기들은 대부분 작품화되었나요?

최   네. 제가 군 복무를 GOP(남방한계선 철책선에서 24시간 경계 근무하면서 적의 기습에 대비하는 소대단위 초소)에서 했는데요. 정말 춥고 고독한 시간이었습니다. 그때 철책 너머를 보며 여러 가지 상상을 했고 밤마다 내무반에 돌아와 그 내용을 수첩에 적곤 했어요. 근무 서면서 목격한 여러 이상 현상도 적었죠. 적다 보니 이야기를 쓰고 싶다는 열망이 생겼습니다.

지금까지 발표한 작품들은 그렇게 수첩에 적어놓았던 것을 바탕 삼아 쓴 것이고 그중 하나가 『잘린 머리의 속삭임』입니다. 가방에 들어간 잘린 머리가 이야기하는 내용인데, 빛을 보지는 못했어요. 래핑이 되지 않은 채 책이 서점에 풀리는 바람에 유해 매체로 선정돼 판매 금지 처분을 받았거든요. 그때 기준으로는 소설 속 묘사가 아주 잔인하다고 판정된 거죠.

박 아쉽네요. 지금이라면 넷플릭스에서 좋아할 소재일 것 같은데요. 가방 속 잘린 머리가 이야기하는 내용이라니 섬뜩하면서도 재미있을 것 같습니다. 꼭 다시 쓰셔서 세상에 선보이면 좋겠습니다. 혹시 지금도 소설의 소재를 수첩에 적거나 파일에 모으시나요?

최 자면서 꿈을 꾸면 아침에 일어나자마자 휴대폰 앱에 적어두고, 일할 때는 컴퓨터 파일에 저장해둡니다. 그중에서 골라 글을 쓰는데 지금까지 작품화된 건 10분의 1 정도예요.

박 작가님은 스티븐 킹을 좋아하시는 것으로 알고 있는데요. 만약 작가님을 빼고 한국이나 동양의 스티븐 킹이라고 할 만한 작가를 꼽으신다면 누구일까요?

최 한국은 잘 모르겠고 일본 작가로는 미야베 미유키를 꼽을 수 있을 것 같습니다. 작품 수가 엄청나게 많은데 모두 다 일정한 수준을 유지한다는 면에서요. 많이 쓰면서 수준을 고르게 유지한다는 건 쉬운 일이 아니거든요.

박 존경하는 작가는 누구인가요?

최 존경하는 작가는 많은데, 그중에서도 김영하 작가님(제 교수님이셨어요)을 특히 존경합니다. 라이프스타일이나 생각하는 방식이 저와 많이 비슷하고, 저에게 대중소설로 가라고 말씀해주신 분이기도 해요. 지금 생각해도 정말 고마운 분입니다. 그리고 장강명 작가님도 좋아하고요. 김초엽 작가님, 정세랑 작가님, 정유정 작가님, 최진영 작가님도 좋아해요.

박 엄청난 독서광이신 걸로 알고 있는데 한 달에 몇 권이나 읽으세요?

최 한 달에 60권 정도 읽습니다. 웹소설도 많이 보기 때문에 쿠키 충전료로만 한 달에 40만 원 정도 써요. 웹소설을 잘 쓰려면 많이 읽어야 합니다. 저는 제 주력 분야인 웹소설의 유행과 트렌드를 파악하기 위해 정말 많이 읽습니다. 1위부터 100위 사이에 있는 작품은 장르를 가리지 않고 봅니다. 혼자 밥을 먹을 때도 보고, 화장실에서도 보고, 시간이 조금이라도 나면 항상 책을 봅니다. 밀리의 서재도 구독하는데 소설 80퍼센트, 에세이 20퍼센트 정도 비율로 읽어요. 리디북스도 이용하고요. 한 달에 콘텐츠 구입료로만 100만 원 정도 쓰는 것 같습니다.

박 와, 입이 떡 벌어지는 수준이네요. 독서량도 그렇지만 콘텐츠 구입료로 매달 100만 원이나 쓰시다니. (물론 엄청나게 버시는 작가님이니 그 정도는 새 발의 피일 것이라고 속으로 생각하며 부러워했습니다.) 이어서 질문을 하나 더 하고 싶은데요. 작가님이 공동 필자로 참여한 웹소설 작법서를 보면, 웹소설을 잘 쓰기 위해서는 연재를 꾸준히 할 수 있는 끈기와 성실성, 가독성 높은 문장을 쓰는 힘, 그리고 독자가 원하고 즐기는 것이 무엇인지 파악하는 감각이 중요하다고 하셨습니다. 그렇다면 재미를 파악하는 감각을 키우기 위해 콘텐츠를 많이 읽고, 보고, 경험하시는 건가요? 드라마와 영화와 웹툰도 많이 보시는 걸로 알고 있거든요.

최 맞아요. 특히 웹소설 작가는 나이가 들수록 감각을 유지하기 위한 노력이 더욱 필요합니다. 저도 처음에는 과거의 독서 이력과 문창과 다닐 때 수련한 문장 실력을 밑천으로 글을 썼는데 최근 댓글에서 '틀내 난다'라고 평한 걸 보고 놀란 적이 있어요. 그래서 더 열심히 보고, 듣고, 읽으려고 노력하죠. 그게 신선한 작품을 쓰는 데 도움이 됩니다.

박 그렇게 많이 보면 요즘 유행하는 트렌드는 이런 거구나, 하고 감이 바로 오나요?

최 그럼요. 특히 웹소설은 트렌드의 변화가 정말 심해요. 특정 소재가 히트하면 비슷한 유의 작품이 우수수 쏟아지죠. 유행하는 트렌드 주기가 좀 짧은 게 문제이긴 하지만, 요즘 젊은 작가들의 작품을 보면 그 기발하고 경쾌한 상상력에 화가 날 때가 있습니다. 너무 부러워서요. 여기서 웹소설을 잘 쓰는 팁을 하나 드리고 싶은데요. 기본적으로 회빙환(회귀, 빙의, 환생)을 다루는 테크닉을 탄탄하게 익힌 후에 잘 변주할 수 있으면 글 쓰는 게 좀 편해집니다.

박　　　작가에게는 모든 경험이 글쓰기의 무기라고 말씀하셨는데요. 과거에 우울증에 걸렸다가 나아지셨다는 글도 봤습니다. 글 쓰는 사람들은 우울감에 빠지기 쉽고 심하면 우울증에 걸리기도 하는데, 작가님은 그 어려운 시기를 어떻게 지나오셨는지 궁금합니다.

최　　　여자친구와 헤어지고 작가로서의 정체성에도 의문을 가졌던 시기가 있습니다. 당시에는 우울증인지도 몰랐어요. 너무 무기력했고 잠깐 단기 기억상실증까지 앓았는데, 지금의 아내를 만나고, 힘들어도 포기하지 않고 계속 글을 쓰다 보니 어느 순간 괜찮아졌습니다. 아내가 굉장히 긍정적이고 낙관적인 사람이라 좋은 기운을 받았던 것 같습니다.

박　　　긍정적이고 밝은 사람이 옆에 있다는 건 엄청난 복이라고 생각해요. 웹소설 업계와 시장이 제대로 자리를 잡기 전에는 월 수입이 채 100만 원도 안 됐던 어려운 시절도 있었다고 알고 있습니다. 그럴 때 글쓰기를 포기하고 다른 일을 하고 싶다는 유혹을 받지는 않으셨어요?

최   당연히 받았죠. 글 쓰는 거 말고 논술 강사 같은 일을 할까 하는 생각도 했습니다. 소설 대여점은 망하고, 소설 불법 복제는 판치고…. 네이버 웹소설이 나오기까지 한 4, 5년 걸렸어요. 힘든 시간이었죠. 다른 생각 하지 말고 글만 열심히 쓰라고 격려해준 아내 덕에 그 시기를 버틸 수 있었습니다.

박   대여점이 망해가고 네이버 웹소설은 아직 생기기 전이라면 당시 소설을 발표할 지면도 거의 없었을 텐데, 어떻게 글을 계속 쓰실 수 있었나요?

최   그나마 남아 있는 대여점에서 조금이라도 더 팔 수 있는 소설을 열심히 쓰자는 마음이었어요. 황금가지 등 여러 출판사에서 주최하는 공모전도 준비했습니다. 막막하지만 계속 쓰긴 썼는데 마음이 잡히지 않아 제대로 집중하지 못했어요. 그러던 어느 날 아내가 혼자 몰래 울고 있는 걸 보고 충격을 받았죠. 그래서 다시 심기일전했습니다. 그러다 네이버에서 웹소설 플랫폼을 준비한다는 정보를 지인한테 듣고 도전했죠.

  네이버에서 블라인드 테스트로 10화 정도 분량과 시놉시스를 요구했는데 당시 대여점 1위를 달리던 선배가 제일 먼저 합격했고, 제가 2위로 통과했습니다. 그 작품이 『프로젝트 J』예요. 2012년 겨울에 합격 통보를 받고 네이버에서 월급을 받으면서 웹소설을 쓰게 됐죠. 그때부터 생활이 조금씩 안정되기 시작했습니다. 그렇게 전업작가로 생계 걱정 없이 글을 쓰기까지 6년 정도 걸렸어요.

박   작가님은 6년 정도 걸렸다고 하셨고, 다른 성공한 웹소설 작가님들의 사례를 살펴보니 7년 혹은 그 이상 걸린 분들도 있더라고요. 초보 웹소설 작가들도 오랫동안 참고 버티면 생계 걱정을 하지 않고 글을 쓸 수 있는 시기가 올까요?

최   음, 제 권유로 웹소설 쓰기에 도전한 작가가 네 명 정도 있는데 다 실패했습니다. 100화를 넘기기 힘들어한 게 제일 큰 이유예요. 일정한 수입 없이 계속 글을 쓴다는 게 힘들기도 하고요. 중요한 건 작품의 흥행 여부와 관계 없이 일단 완결해본 경험이 있느냐 없느냐예요. 완결하면 작가 본인의 자신감도 올라가고, 플랫폼에서도 대우가 달라지니까요.

박   그렇군요. 완결이 관건이군요. 작가님은 네이버 웹소설 초대 작가라는 엄청난 타이틀을 보유하고 계시는데요. 그러기까지 장르 소설계에서 굳건하게 버틸 수 있었던 글쓰기 비결을 듣자면 뭐가 있을까요? 물론 문예 창작을 전공하면서 4년 동안 많이 배우고 열심히 실력을 갈고닦았을 거라 생각합니다만, 그래도 웹소설 작가를 꿈꾸는 이들에게 들려주고 싶은 글 잘 쓰는 비결이 있다면요?

최   오늘 뭘 쓸까, 라고 앉아서 고민하기 시작하면 연재하기 힘들어요. 작품 들어가기 전에 시놉시스야 다 쓰는 것이고, 기왕이면 결말도 정해두는 게 좋아요. 그래야 내용이 산으로 가지 않아요. 무엇보다 책상 앞에 앉기 전 다음 화 내용 정도는 미리 생각해두는 게 좋습니다. 저는 평소 다른 일을 하면서도 중간중간 조금씩 생각하는 편입니다. 예를 들어 지금 인터뷰를 하면서도 작품 아이디어를 순간순간 머릿속에서 이리저리 굴려봅니다. 그랬다가 집에 가면 쓰는 식이에요.

박   웹소설을 쓸 때는 매회 다음 화가 궁금해지게 만드는 '절단 신공'을 발휘해야 하잖아요. 다음 화가 기다려지게 하는 비결로는 무엇이 있을까요?

최   매회 독자에게 소소한 재미를 제공해야겠지요. 하지만 이게 말이 쉽지 실제로 하려면 쉽지 않아요.(웃음)

박   웹소설은 한글파일로 작업한다고 알고 있습니다. 다만 독자들은 휴대폰에서 읽는 거라 파일 형식을 바꿔야 해서 작가들이 일단 컴퓨터로 작업한 다음 다시 휴대폰으로 확인한다는 말을 들었습니다.

최   그래서 제가 컴퓨터에 글을 쓰면서 휴대폰으로 볼 때 가장 좋은 파일 양식을 설정해 네이버에 알려준 적이 있습니다. 네이버에서 무척 고마워했죠. 다만 요즘은 독자들이 휴대폰으로 긴 글을 보는 것에 익숙해 그렇게까지 파일 형식을 따지는 것 같진 않아요. 대신 한 문장이 다음 페이지까지 넘어가지 않게 쓰는 것이 원칙입니다.

박 작가님의 히트작인 『호접몽전』은 『삼국지』를 소재로 한 것이죠. 이 작품 덕분에 집을 장만하셨다는 이야기를 들었습니다. 정말 부럽습니다. 한국에서 작가가 글을 써서 집을 사다니!(웃음) 작가님에게 아주 의미가 큰 작품일 텐데요. 왜 『삼국지』를 소재로 삼으셨는지 궁금합니다.

최 『삼국지』를 고른 이유는 대여점 시절 제 데뷔작이 『삼국지』를 소재로 한 8권짜리 회빙환 소설이었기 때문입니다. 당시에는 회빙환 소설이 드물어 독자들의 반응이 좋았고, 덕분에 웹소설로 영역을 넓힐 수 있었죠. 몇 년 후에 그 작품을 다시 읽어보니 전보다 더 잘 쓸 수 있겠다는 생각이 들어 새로 써서 네이버에서 연재했습니다. 작가들이 삼국지를 좋아하는 이유는 우선 친숙하기 때문이에요. 둘째로 캐릭터 구축이 아주 편해요. 인물에 대해 일일이 설명하지 않아도 될 만큼 사람들이 많이 아니까요. 거기다 저작권이 없고요. 웹소설을 쓰는 분들이라면 꼭 읽어볼 것을 추천합니다.

박 그렇군요. 저는 몰랐던 크나큰 장점들이 있네요. 또 하나 궁금한 점은 한국 남자들이 『삼국지』를 왜 그렇게 좋아하느냐는 겁니다. 얼마 전 페이스북에서 『삼국지』를 얼마나 읽었고 얼마나 잘 아느냐로 논쟁이 벌어지는 걸 보고 왜 저럴까 의아했던 적이 있습니다.(웃음)

최 남자들은 『삼국지』에 대한 로망이 있어요. 작품에 남자들이 원하는 우정, 사랑, 의리가 다 들어가 있고, 매력적인 캐릭터들도 많지요. 원작이 길고 구성도 잘됐고요.

박 그렇다면 요새 젊은이들도 『삼국지』를 좋아할까요?

최 요즘도 삼국지 게임은 계속 출시됩니다. 게임 순위 상위권에 최소 세 개가 있고, 만화도 계속 나와요. 작품 자체가 친숙해 다양한 장르로 만들어갈 수 있죠.

박 이쯤에서 작가님의 경이로운 작업 속도와 성실성에 관한 질문을 하지 않을 수가 없습니다. 저 같은 경우는 한번 외출하면 작업 리듬이 깨져 집에 돌아와서 일을 못하는데, 작가님은 그야말로 비가 오나 눈이 오나 여행을 가나 계속 글을 쓰시더라고요. 보통 주당 원고지 150~200장의 글을 써서 한 달이면 원고지 800장을 쓰신다고 알고 있는데요. 그 분량을 주 5일 동안 쓰시나요? 아니면 주 7일 내내 쓰시는 건가요?

하루 치 분량을 쓰시는 데 시간이 얼마나 걸리나요?

최   저는 매일 씁니다. 잘 써지는 날에는 서너 시간 안에 필요한 분량을 다 쓰기도 해요. 평균을 내면 하루 6~8시간 정도 씁니다. 글 쓸 때 가장 중요하게 생각하는 게 평정심인데, 멘탈이 깨진 날에는 10~20매 정도 씁니다. 감각을 잃지 않기 위해 적은 분량이라도 꼭 씁니다. 연재할 때는 무조건 분량을 맞춰야 하기도 하고요.

박   요즘 드라마 극본도 쓰신다고 들었습니다. 어떻게 드라마 극본을 쓰시게 됐나요?

최   예전에 운 좋게 중앙일보에서 잠시 장르 소설을 연재한 적이 있는데 피디님이 그 소설을 보시고 연락하셨어요. 다만 드라마는 생각보다 작품화되는 데 시간이 오래 걸려요. 웹소설과 그런 면에서 다르더군요.

박   그렇군요. 웹소설 하면 또 빠질 수 없는 게 댓글인데요. 연재하면서 댓글을 꼼꼼히 보시는 편인가요? 아니면 아예 보시지 않는 편인가요? 댓글이 작품 활동에 도움이 된다고 생각하시는지 그렇지 않은지도 궁금합니다.

최   『호접몽전』 완결 시점까지는 아주 꼼꼼하게 보고 답글도 많이 달았습니다. 그때까지만 해도 댓글이 평화로웠습니다. 99퍼센트 청정 구역이었어요. 그런데 2018년 무렵부터 댓글 게시판에 악플이 심해지기 시작했어요. 심지어 동종 업계 사람들이 다른 아이디로 댓글 테러를 했다 발각되는 일도 있었고요. 그때부터 안 봤습니다. 다만 댓글에 적힌 피드백이 유익할 때도 있어서 저는 아내에게 대신 댓글을 보고 참고해야 할 점을 알려달라고 하는 편입니다.

박   해외여행을 자주 가시는 것으로 알고 있습니다. 멋진 풍경에서 글 쓰는 사진을 올려 종종 주위의 부러움을 사시는데요. 여행을 통해 소설의 소재를 발굴하거나 영감을 받는 경우도 많은가요?

최   여행은 기분 전환 목적이 가장 커요. 집에 있을 때는 골방에 처박혀서 글만 쓰는데, 여행하면 활동량이 늘어나니 컨디션이 좋아지는 효과도 있습니다. 웹소설보다는 언젠가 쓰고 싶은 호러나 장르 드라마에 영감을 받습니다.

박   저는 번역은 데스크탑으로, 글은 카페에서 노트북으로 쓰는 습관이 있습니다. 작가님은 특별한 집필 습관이 있는지요? 예를 들어 특정 자판만 쓰신다거나 그런 게 있을까요?

최   일단 모니터가 커야 해서 여행을 가면 숙소에 있는 TV에 노트북을 연결해서 글을 씁니다. 국내 여행 때는 LG 휴대용 모니터를 가지고 갑니다. 32인치인데 쓸 만해요. 작업실에 있는 건 45인치입니다. 웹소설의 경우 전체적인 흐름을 봐야 하는데 두 페이지만 모니터에 띄워두면 헷갈릴 때가 있거든요. 그래서 한 번에 8~12페이지 정도 띄워놓고 씁니다.

박 작가님은 가습기 살균제 사건의 피해자라고 알고 있습니다. 작가들은 장시간 앉아서 작업하다 보면 정신적으로나 육체적으로나 약해지고 병에 걸리기 쉬운데, 작가님은 건강 관리를 어떻게 하시는지 궁금합니다.

최 가습기 사건 때문에 후천성 천식이 생겨 호흡이 편하지 않습니다. 사레가 들리거나 급하게 뛰면 호흡기를 써야 할 정도입니다. 평소엔 악천후만 아니면 8천~1만 보 정도 걷고, 식단 관리를 합니다. 몇 년 전부터 하루에 두 끼를 먹는데 한 끼는 샐러드나 과일을 먹습니다.

박 인기 있는 웹소설 작가 중에 종종 10대도 나온다고 들었습니다. 아마도 10대 특유의 감성을 잘 알고 있어서가 아닐까 싶어요. 웹소설 작가가 되는 데 나이가 문제가 될까요? 예를 들어 나이가 들수록 웹소설 쓰기가 불가능까지는 아니더라도 힘들어질 수 있을까요?

최 요즘도 꾸준히 10대 작가가 나오는 편입니다. 최근 문피아에서 유명해진 10대 작가도 있고요. 다만 10대와 50대가 동시에 웹소설 쓰기에 도전한다면 50대가 유리할 것 같다는 생각은 들어요. 인생 경험이나 연륜이 다르니까요. 50대는 직업물만 잘 써도 반은 먹고 들어갑니다.

박 요즘 경기가 좋지 않아 모든 업계가 시름이 깊은데 웹소설 업계는 어떤지 궁금합니다. 웹소설의 장래를 어떻게 전망하시는지요? 이미 수많은 웹소설 작가가 시장에 진입했는데 거기에서 생존할 가능성은 얼마나 될까요?

최 제가 보기에는 웹소설이 산업 전 분야를 통틀어 가장 경기를 안 타는 직업인 것 같아요. 일반 독자들이 취미로 볼 때 한 회 100원이라 부담이 없고, 앞에 무료 분량도 많고, 이벤트를 기다리면 쿠키도 받을 수 있으니 경제적인 면에서 경쟁력이 있습니다. 항상 옆에 있는 휴대폰으로 볼 수 있으니 접근성도 좋고요. 웹툰에 비해 웹소설은 제작 소요 기간이 10분의 1밖에 안 됩니다. 웹툰은 한 작품을 20화 정도 연재하려면 1년 정도의 준비 기간이 들어가더라고요.

박 오, 웹툰 제작 기간이 그렇게 긴 줄은 몰랐습니다. 웹툰은 드라마나 영화에 판권이 굉장히 많이 팔리고 있는데 웹소설 판권 시장은 어떤가요?

최　웹소설은 이제 막 판권이 팔리기 시작하는 추세입니다. 『재벌집 막내아들』이 그런 경우죠. 당분간은 그런 추세가 지속될 거라 생각합니다. 그래서 엔터 업계에서 웹소설을 주목하고 있습니다. 실제로 웹소설 매출도 2021년에서 2022년 사이에 109퍼센트 증가해서 1조대의 벽을 깼습니다. 이렇게 가파른 성장세를 기록하는 산업은 많지 않죠. 다만 저 같은 경우 대여점이 멸망하는 시절을 겪었기 때문에 마음 한편에 불안감은 있습니다. 그래서 드라마에도 진출한 거고요.

박　작가로서의 야심이 있다면 뭘까요?

최　은퇴 전에 『전지적 독자 시점』 같은 메가히트작을 써보고 싶어요. 평소 평정심을 유지하려고 애쓰는데 어느 순간 보니 저와 친한 작가들이 다 대박 작가가 되어 있더라고요. 인간이니 질투도 나지만 더 잘 써야겠다고 마음먹는 계기가 되기도 합니다. 다들 고생했으니 한번씩 돌아가면서 잘되는 거라고 희망을 품기도 하고요. 잘된 사람들이 다 좋은 분들이라 만나면 즐거워요. 저는 올해가 웹소설 데뷔 10년 차인데 네이버 창립 멤버 중 지금까지 쓰고 있는 작가가 몇 없어요. 그래서 오랫동안 쓰는 작가가 되는 것도 목표 가운데 하나입니다.

웹소설을 잘 쓰려면 연재를
꾸준히 할 수 있는 끈기와 성실성,
가독성 높은 문장을 쓰는 힘,
독자가 원하고 즐기는 것이
무엇인지 파악하는 감각이
중요합니다. 그 감각을 유지하기 위해
열심히 보고, 듣고, 읽습니다.

곽민수

한국이집트학연구소장. 옥스퍼드대학교 및 더럼대학교에서 이집트학과 고고학을 공부했으며 다양한 TV 프로그램과 유튜브 및 뉴스 등을 통해 고대이집트를 알리고 있다.

고고학에서 오늘을 긷다

이집트 고고학자 **곽민수**

Interview

카페에 조금 일찍 나와 질문지를 훑어보고 있는데 "안녕하세요."라는 목소리가 들렸습니다. 고개를 드니 온라인에서 얼굴을 자주 봐 익숙한 곽민수 소장이 서 있었습니다. 시계를 보니 약속 시간 10분 전이었습니다.

이집트 연구자 곽민수 소장에게 관심을 가지게 된 것은 사실상 그를 통해 이집트에 끌렸기 때문입니다. 그를 알기 전에 이집트는 그저 피라미드, 파라오, 클레오파트라, 미라의 저주 같은 몇 개의 키워드와 웅장하고 예스러운 이미지가 연상되는 나라일 뿐이었는데, 그를 통해 이집트의 유구한 역사와 흥미로운 사실을 조금씩 알아가게 됐습니다. 그럴수록 그에 대한 개인적인 호기심도 커졌습니다.

국내에서는 찾아보기 힘든 이집트학을 연구한 젊은 학자이지만 그다지 학자 같은 분위기를 풍기지 않는 사람. 사회적으로 다양한 사안에 관한 명철하고 합리적인 견해를 보유하고 있으며, 문화와 패션에 대한 소양도 풍부하고, 대중이 궁금해하는 이야기를 시의 적절하게 들려줌으로써 쾌감을 선사하는 곽민수 소장. 한국에는 관련 학과조차 없는 이집트학을 연구함으로써 이집트 하면 자동으로 그가 연상되도록 커리어를 구축해온 비결이 궁금했습니다.

박 이집트를 연구하려면 다양한 언어를 구사할 줄 알아야 한다고 들었습니다. 예를 들어 영어, 프랑스어, 독일어를 하면 좋고, 아랍어와 콥트어도 해야 한다고 들었는데요. 소장님은 몇 개 언어를 구사하시는지, 실제 연구에서는 어떤 언어가 가장 많이 쓰이는지 궁금합니다.

곽 우선 영어는 편하게 구사할 수 있고, 독일어와 프랑스어는 떠듬떠듬 읽을 수 있는 정도입니다. 유럽에서 이집트학은 주로 상류층이 익히는 학문이었습니다. 이들은 교육을 잘 받은 엘리트층이었기에 관련 문헌은 주로 이들이 쓰는 영어, 독일어, 프랑스어로 출간됐습니다. 따라서 연구 자료를 읽으려면 어쩔 수 없이 기본적으로 이 세 언어를 할 줄 알아야 하죠.

다행히 요즘은 번역기 성능이 좋아져 전보다 편하게 새로운 자료나 논문을 읽을 수 있습니다. 독일어나 프랑스어로 된 자료들은 영어로 번역하기만 해도 이해하기 쉬우니까요.

아랍어는 독학을 했습니다. 영국에 유학 갔을 때 아랍어 코스를 듣긴 했지만 기본적으로 독학으로 익혔고, 지금도 인터넷 강의를 통해 계속 공부하고 있습니다.

그리고 이집트학은 고대이집트를 연구하는 학문이기 때문에 연구자라면 고대이집트에서 쓰였던 언어를 반드시 익혀야 합니다. 이 언어는 4천 년간 쓰이면서 시대별로 바뀌어왔습니다. 연구자들은 자신이 전공하는 시대에 맞춰 중기 이집트어나 말기 이집트어를 할 줄 알아야 하죠.

저의 경우 영국에서 2년 정도 집중적으로 이집트어를 공부했습니다. 무척 힘들었지만 결과적으로 연구에 큰 도움이 됐습니다. 참고로 중기와 말기의 이집트어는 상당히 달라요. 중기 이집트어는 문어로 공식 문서 작성에 쓰였고, 말기 이집트어는 구어로 일상이나 문학작품에 주로 쓰였습니다.

박 저는 대학교에서 인도어를 전공했는데 처음에 그 문자를 익히기가 정말 쉽지 않았어요. 기본 알파벳을 익히기까지 무척 오래 걸렸죠. 그런 면에서 고대이집트어 알파벳을 익히기가 고생스럽지는 않으셨나요?

곽 사실 알파벳을 익히는 게 가장 쉬웠어요. 이어서 단어를 외우고 문법을 익히는 게 당연한 순서인데, 문법을 익힌다 해도 100퍼센트 적용되는 게 아니라 항상 예외 규칙이 있으니 난이도가 훌쩍 올라가요. 단어를 외워도 표기 방식이 그때그때 다르기 때문에 공부하기가 매우 까다롭고요. 그래서 요즘도 연구하다 고대어가 나오면 읽어보려고 애쓰면서 그 감각을 유지하려고 노력하는 편입니다.

고대이집트어 역시 기초는 독학으로 익혔고, 영국에서 유학하면서 본격적으로 공부하기 시작했습니다. 참고로 이집트어와 아랍어는 생성된 시대가 달라 언어 자체가 달라요. 아랍어는 셈어족에 속하고, 이집트어는 셈어와 북아프리카어가 섞여 있습니다. 아랍어는 이집트어를 공부하는 데 부분적으로 도움이 됩니다. 셈어 계통이라 몇몇 문법적인 부분과 어휘에서 고대이집트어와 조금 유사한 면이 있거든요.

박 언어에 관한 질문을 이어서 하겠습니다. 번역가의 직업적 호기심이라고 이해해주시면 좋겠습니다. 그 다양한 언어를 어떤 식으로 공부하셨나요?

곽 어떤 언어건 공부법은 어느 정도 비슷하다고 생각합니다. 고대이집트어를 공부할 때 단어장을 만들어 들고 다니면서 외웠어요. 영국에서 살 때는 집의 화장실 타일에 마커로 단어를 써놓고, 포스트잇을 곳곳에 붙여놓아 익숙해지도록 노력했죠. 저는 외국어를 공부할 때 단어와 문법을 확실히 익힌 후 시간을 들여 익숙해지는 것이 좋다고 생각합니다. 한국

식으로 암기하는 방법도 필요하지만, 그런 식으로만 공부하면 암기한 내용을 활용하는 능력이 떨어질 수밖에 없어요.

박 고대이집트어가 적힌 화장실 타일과 포스트잇이 곳곳에 붙어 있는 집 안을 상상해보니 무척 흥미롭네요. 동양인으로서 이집트학을 연구하면서 언어적으로 불리한 점은 없었나요?

곽 당연히 있습니다. 유럽 학생들은 프랑스어나 독일어가 유창하기 때문에 동양인은 우선 거기에서 손해 보는 부분이 있어요. 이집트어를 배울 때도 다른 학생들은 영어나 프랑스어로 된 문법책으로 공부하는데 저는 두 개의 외국어를 써야 하니 상대적으로 더 힘들었죠. 한국인이 이집트학을 공부하지 않는 실질적인 이유가 이런 데 있습니다. 유럽이 아닌 다른 곳에서 온 이들이 공부하기엔 불리한 점이 꽤 많습니다.

박 아버지의 직장 때문에 4~9세까지 카이로에 살면서 이집트에 매료되어 성인이 된 후 이집트를 전문적으로 공부하시게 됐다는 인터뷰를 봤습니다. 저도 어렸을 때 할머니와 함께 본 인도 영화 〈신상〉에 깊은 인상을 받아 인도어과에 진학한 전력이 있어 크게 공감했습니다. 어린 시절의 경험이 한 사람의 인생에 어떤 영향을 미친다고 생각하시나요? 또 어렸을 적 카이로 생활에 대해서는 어느 정도 기억하시나요?

곽 어렸을 때 경험이 한 사람의 인생에 큰 영향을 미치는가 아닌가에 관해 말해보자면 꼭 그렇다고는 할 수 없을 것 같습니다. 당시 아버지가 대기업 주재원으로 근무하셨는데, 그때 같이 이집트에 살았던 친구들이 여럿 있습니다. 가까이는 제 동생도 있고요. 하지만 저 말고 이집트 관련 일을 하는 친구는 하나도 없습니다. 이집트에 출장 등의 목적으로 손님이 오면 아버지가 박물관이나 카이로 인근에 있는 피라미드 유적지를 모시고 갔는데 그때 저도 따라가곤 했습니다. 나중에 성인이 되어 이집트에 다시 갔을 때 기억 속 풍경과 실제가 똑같은 걸 보고 무척 반가웠던 기억이 납니다.

그리고 어렸을 때 어떤 유적지를 간 적이 있어요. 기억은 확실히 있는데 그게 어딘지 모르는 채 지내다가 2019년 이집트 사카라라는 곳에 있는 고왕국 6왕조 시대 파라오인 테티의 피라미드에 들어가게 되었어요. 그때 그곳이 어린 시절 기억 속에 맴돌던 유적지라는 사실을 확인하고는 얼마나 기뻤는지 모릅니다. 무려 35년 만에 다시 방문한 건데 그걸 알아볼 수 있어서 저도 놀랐던 기억이 있습니다.

박 이집트, 피라미드, 파라오 같은 단어에 매료되긴 굉장히 쉽다고 생각합니다. 어마어마하게 오랜 역사와 눈부신 유산이 있으니까요. 이집트를 배경으로 한 소설이나 영화나 게임도 많고요. 하지만 그 끌림이 이어져서 이집트 전문가로 우뚝 선다는 건 무척 힘든 일이었을 겁니다. 그간의 이력을 보니 문화인류학, 국제학, 고고학, 이집트학 이렇게 4개의 전공을 거치셨더라고요. 그건 이집트 전문가가 되기 위해 밟아야 하는 정식 코스인가요? 아니면 소장님이 직접 루트를 짜서 진행하신 건가요?

곽 저는 이집트에서 살던 7살 때부터 이집트 관련 일을 하고 싶어했습니다. 그러려면 고고학을 공부하는 게 좋다는 걸 알았죠. 제가 어렸을 때는 일찍 유학을 가는 풍토도 아니었고, 개인적으로 유학을 갈 형편도 못 되었습니다. 그래서 한국에서 공부할 수 있는 길을 모색했지요. 그러다 고고학을 전공할 수 있는 학교를 찾았어요. 좋은 커리큘럼과 고고학 전공 교수님이 세 분 이상 있는 곳을 찾다 보니 한양대 문화인류학과가 눈에 들어왔습니다.

박 잠깐만요. 좋은 커리큘럼과 고고학 전공 교수님이 세 분 이상 있는 곳이라는 기준 역시 스스로 정하신 건가요?

곽 맞아요. 고1 때 정한 기준입니다. 고등학교 시절 학풍이 엄격하고 체벌이 너무 심해 학교를 자퇴하고 혼자 공부하려 했습니다. 하지만 부모님이 반대하셨어요. 그래서 제가 원할 때마다 결석하는 것을 조건으로 학교에 다녔습니다. 학교를 그만두고 싶어 1학년 2학기 기말고사는 보지도 않았습니다. 이렇듯 저는 어렸을 때부터 원하는 게 분명했어요.

한양대에서 고고학과 함께 인류학을 공부할 수 있었던 것이 제게는 큰 도움이 됐습니다. 인류학이 제 학문과 일상의 삶에 지대한 영향을 끼쳤죠. 인류학의 특징은 문화적 상대주의라고 할 수 있습니다. 인류학을 공부한 덕분에 어떤 문화적 현상이 발생했을 때 일방적인 나의 기준이 아니라 그 상황이 일어난 역사적·문화적 맥락을 따져서 판단하는 습관을 갖게 되었고, 그러다 보니 독선이나 독단적인 시각을 피할 수 있었습니다.

마찬가지로 어떤 상황이나 사람을 관찰할 때도 그 사람 특유의 배경이나 맥락에서 나타나는 모습을 이해하려고 노력합니다. 평가는 그다음에 하려고 해요. 뭔가를 봤을 때 즉각적으로 떠오르는 건 감정이고, 시간을 들여 이해하려는 시도는 이성입니다. 저는 꽤 오랫동안 이성적으로 생각하는 훈련을 해왔어요.

문화인류학을 전공한 후 국내에서 국제학 석사를 했습니다. 유학을 가려고 보니 제 공부가 부족하게 느껴지더라고요. 개인적으로 거시 연구를 좋아해 학문적인 역량을 키우려고 국제학을 선택했습니다. 이때 커리큘럼 덕분에 정치, 경제, 사회,

경영까지 다 배울 수 있었어요. 심지어 러시아어까지도요. 물론 지금은 거의 다 잊어버렸습니다.

그리고 런던대학으로 갔습니다. 런던대 고고학과는 세계 최초로 이집트학 교수직을 만든 곳입니다. 런던대에서 석사를 한 후 한국으로 돌아와 문화재 조사기관에서 2년 동안 일하면서 결혼도 했습니다. 이후 이집트 고왕국 시대를 연구하고 싶었지만 이런저런 사정이 생겨 신왕국 시대로 연구 주제를 바꿔 옥스퍼드대학에 갔습니다. 그곳에서 이집트어를 더 집중적으로 공부했고, 2년 동안 공부한 끝에 석사학위를 받았죠. 무척 힘든 시간이었지만 결과적으로는 제 연구에 도움이 됐습니다. 이런 시행착오를 계속 겪으며 지금까지 왔습니다.

박 쉽지 않은 과정일 거라고 예상은 했지만 그런 일들이 있었군요. 시행착오를 겪을 때 또는 공부하면서 힘들 때는 어떻게 이겨내셨나요?

곽 그때는 굉장히 힘들었고, 멘탈이 약해져서 상담도 받았어요. 약을 먹으라는 제안도 있었지만 약은 먹지 않고 버텼습니다. 그때 내가 할 수 있는 일과 할 수 없는 일을 구분하자고 마음을 정리한 게 큰 도움이 됐어요. 지금도 힘든 일이 생기면 일단 푹 자고 내일부터 할 수 있는 일을 하자는 마인드셋으로 생활하고 있어요.

그리고 절대 포기하고 싶지 않은 모습이 있었기에 여기까지 올 수 있었다고 생각합니다. '괜찮은 이집트 연구자'라는, 제가 되고 싶은 모습이 있었거든요. 저는 이런 식으로 인생의 지향점을 설정해두는 것이 중요하다고 봅니다. 설사 거기에 도달하지 못한다 해도 나아가는 방향을 맞출 수 있으니까요.

박 이집트학 연구소를 세운 목적은 뭔가요?

곽 저는 개인적으로 인문학의 대중화, 과학의 대중화라는 표현을 좋아하지 않습니다. 그보다는 전문 지식 정보의 사회 환원이라는 표현을 선호합니다. 순수인문학을 공부한 사람들은 행운아입니다. 그런 학문을 할 수 있는 여유나 기회가 주어졌던 것이니까요. 그렇기 때문에 공부한 내용을 다른 사람들에게 돌려줌으로써 그들의 삶에 영감을 주거나 그들이 새로운 시각을 갖추도록 도와야 한다고 생각합니다.

연구소를 세운 목적도 이와 관련이 있습니다. 이집트학 같은 학문이 자생적으로 존재할 수 있게 기반을 만들고 싶었어요. 전공자는 비전공자에게 지식을 전해주고, 일반 시민은 거기서 얻은 만족감과 즐거움을 토대로 이 학문을 지지하고 응원하는 '선순환적 플랫폼'을 만드는 것이 제 목표입니다. 인문학은 잉여적인 성격이 있는 학문이기 때문에 누군가 도와줘야 살아남을 수 있습니다. 지금 시점에선 후원 주체가 대체로 정부이다 보니 정부가 연구 방향에 영향을 미칠 수밖에 없습니다.

저는 저만의 독자적인 연구를 체계적으로 진행하고 싶어 연구소를 설립했습니다. 현재는 이집트에 관한 지식을 계속해서 대중에게 전달하고, 이집트에 관심이 있는 분들을 늘려가고, 그 관심을 좀 더 적극적인 관심으로 바꾸는 작업에 무게 중심을 두고 있습니다. 기업 후원을 받는 것도 좋지만, 그 전에 눈에 보이는 성과가 있어야겠죠.

박 요즘 10대와 20대는 직업 선택의 범위가 넓지 않아서 고민입니다. 인공지능의 발달로 자신이 하는 일이 언제 어떻게 대체될지 모른다는 두려움도 있고요. 그런 면에서 한국에서 찾아보기 어려운 이집트학 전문가라는 타이틀은 눈부시게 빛나기도 하지만, 그렇게 되기까지 눈에 보이지 않는 어마어마한 노력과 시간과 에너지가 들어갔을 거라 짐작합니다. 이집트학 연구로도 어느 정도 생활이 가능할 만큼 자리를 잡기까지는 얼마나 걸렸나요?

곽 경제적으로 안정이 됐다고 느낀 건 2022년부터입니다. 제 장점이 물욕이 없다는 거예요. 없으면 없는 대로 살고 욕망이 크지 않아서 그럭저럭 괜찮았어요. 공부하는 내내 아내를 많이 의지했습니다. 쉽지 않은 상황에서도 아내가 공부에 집중하라고 말해줘서 고마웠어요.

박   소장님을 보면 '외길 인생'이란 단어가 떠올라요. 제가 다양한 사람들을 만나면서 느낀 점 가운데 하나는 자신이 몸담은 분야의 일을 그다지 좋아하지 않거나, 혹은 이직을 꿈꾸지만 어떤 일을 해야 할지 몰라 혼란스러워하는 이들이 꽤 많다는 것이었습니다. 혹시 이집트 연구 말고 다른 길을 가보고 싶다는 생각을 해보신 적이 있나요? 다른 일을 시도하신 적은요?

곽   국내 대학원에 다니던 중 이집트 연구가 어려워서 적성에 맞는 다른 일을 고민하다 한 학기 정도 국정원 시험 준비를 한 적이 있어요. 그때 여럿이 스터디를 했는데 다섯 명이 준비해 세 명이 합격했고, 다른 한 명은 기자가 됐어요. 저도 계속했으면 합격했을지도 모르죠. 하지만 이집트를 포기할 수 없어서 그만뒀습니다. 지금은 다행이라고 생각합니다.

박   국정원이라니! 흥미롭네요. 다만 그 길로 가지 않아서 다행이란 생각도 듭니다. 왠지 집요하고 무서운 요원이 됐을 것 같아요.(웃음)

제가 앞선 질문에서 이집트에 매료되긴 굉장히 쉬울 것 같다고 언급했는데요. 반대로 이집트나 파라오나 피라미드에 전혀 관심이 없는 사람도 적지 않을 거라 생각합니다. 그런 사람들이 이집트에 관심을 가져야 할 이유가 있다면 무엇일까요? 그리고 현대를 살아가는 우리가 고대이집트에서 배울 수 있는 점은 뭘까요?

곽 우선, 이집트에 꼭 관심을 가질 필요는 없다고 생각해요. 사실 무관심한 사람에게서 관심을 끌어내는 것도 불가능하고요. 하지만 제 연구와 일에 사람들의 관심이 필요하기에 먼저 저에게 관심을 가질 수 있도록 유도하는 부분이 있습니다. 제가 매개체가 돼서 이집트에 관심을 두게 하는 것이죠.

현대인이 이집트 문명이나 공부를 통해 얻을 수 있는 이점은 거의 없어요. 장학금을 주는 기관에서 항상 이 학문으로 사회에 어떻게 이바지할 거냐고 묻는데 그건 잘못된 질문이라고 생각합니다. 학자는 그 연구의 이점에 대해선 생각할 필요가 없어요. 독자나 청취자들이 그 이점을 만들어가는 것이죠.

그래도 굳이 찾아보자면 두 가지를 들 수 있어요. 우선 고대이집트는 현대 한국과 시공간상으로 엄청나게 멀리 떨어져 있어 감정이입이 잘 안 되는 게 사실입니다. 그렇기 때문에 오히려 고대이집트인의 삶을 통해 우리 모습을 더 잘 비춰볼 수 있고, 우리 삶의 문명사적 위치를 객관적으로 통찰할 수 있죠.

두 번째, 고대이집트는 콘텐츠화하기 쉬운 소재입니다. 남아 있는 자료가 많아 우리가 상상할 수 있는 거의 모든 이야기를 고대이집트를 배경으로 풀어낼 수 있습니다. 즉 대중문화 상품으로 만들기 쉽죠. 그래서 서구 사회에서는 이집트 콘텐츠를 많이 만들었습니다.

박 소장님은 무척 개성 있는 외모를 가진 데다 언변도 좋으세요. 제가 페친으로 오래 지켜본 바에 따르면 어떤 이슈나 사안이 발생했을 때 내놓으시는 발언이 지극히 중립적이면서도 논리적이어서 감탄한 적이 많아요. 방송 진행을 하셔도 잘하실 것 같은데요. 혹시 유튜브 채널을 만들어보실 생각은 없나요?

곽 유튜브 제안을 많이 받았지만 다 거절했습니다. 제가 원하는 저 자신의 정체성은 연구자인데 적극적으로 유튜브를 해버리면 유튜버로 규정될 가능성이 매우 큽니다. 그건 제가 원하는 결과가 아니에요. 다만 요즘은 사람들이 영상 콘텐츠를 선호하니 제가 가진 영상 자료들을 업로드하는 아카이빙 용도로 써볼까 하는 생각은 있습니다.

박 요즘은 테마 여행이라고 해서 유럽이나 이집트같이 오랜 역사와 화려한 문명을 지닌 지역을 방문하기 전 몇 주 혹은 몇 달에 걸쳐 전문가의 강의를 듣고 그의 가이드를 받으며 여행하는 프로그램이 늘고 있습니다. 그런 여행에 대해 어떻게 생각하세요? 혼자 피라미드를 보고 싶어서 가는 여행과 체계적으로 공부하고 가는 여행이 크게 차이가 날까요?

곽   전혀 다른 여행이 될 겁니다. 저와 여행을 가면 자세한 설명을 들을 수 있고, 제가 기획한 여행에 참여하면 체계적으로 유적을 볼 수 있어요. 빡빡한 일정에 공부 위주의 여행이 되겠죠. 반면 혼자 이집트 여행을 한다면 고대 유적 말고도 상당히 많은 테마를 만나볼 수 있을 거예요. 예를 들어 이집트에는 고대 그리스, 로마 비잔티움 유적도 많고 기독교 유적도 많아요. 이슬람 유적지도 찾아볼 수 있고, 제국주의 유럽 서구 열강의 유적, 냉전 시대 테마들도 있지요.

그외에 해양 스포츠를 즐기기에 좋은 바다도 있습니다. 홍해에 있는 도시들은 전통적으로 서구 관광객이 많이 찾는 휴양지입니다. 스노클링, 스쿠버다이빙 같은 스포츠를 즐길 수 있고 지겨워지면 피라미드도 볼 수 있어요. 이집트는 겨울이 성수기인데 그때는 사람이 너무 많습니다.

박   소장님은 강연과 방송 출연 등 여러 채널에서 활발하게 활동 중이신데요. 이집트에 관한 책을 출간하실 계획은 없나요? 혹은 이집트를 주제로 한 것이 아니라도 꼭 쓰고 싶다거나 현재 집필 중이신 책이 있을까요? 개인적으로 소장님의 책이 나오길 기다리고 있습니다.

곽   여러 권이 있는데요.. 먼저 전문가의 시각에서 이집트의 고고학 유적을 소개하는 책이 출간될 예정이에요. 두 번째

책에서는 이집트를 여러 개의 테마로 나누어 썼습니다. 예를 들어 파라오의 저주는 사실일까? 최초의 파라오는 누구일까? 클레오파트라는 흑인이었을까? 이런 내용이죠. 세 번째는 이집트 역사책입니다.

박   '이집트 하면 곽민수'라는 공식이 생겼습니다. 개인 브랜딩을 꿈꾸는 이들에게 소장님은 그야말로 교과서적인 성공 사례로 꼽힐 수 있을 것 같은데요. 어떻게 이런 성과를 거두셨는지요?

곽   이집트학 연구자로서 경제적으로 생존하기란 불가능에 가깝다는 사실을 어렸을 때부터 알고 있었기 때문에 오랜 세월 부단히 노력했습니다. 제가 보편적인 인문 연구자들과 다른 점은 항상 트렌드를 주시하고 관찰해서 연구에 녹여낸다는 점입니다. 그러면 대중과의 커뮤니케이션을 효과적으로 할 수 있죠. 이를테면 제 이메일 주소가 egypt인데, 제가 1991년 하이텔이라는 PC통신 서비스를 이용하면서 처음 만든 아이디가 바탕이 된 것이죠. 1995년부터는 하이텔에서 이메일 서비스를 시작했고, 아이디는 이메일 주소가 되었습니다. 그 메일을 지금도 쓰고 있고요. 의도한 건 아니지만 그때 이미 이집트 브랜딩이 시작된 셈이죠.

그리고 1998년 이집트 홈페이지를 개설한 걸 시작으로 다양한 SNS 채널을 운영하고 있습니다. 이집트학 연구를 너무 하고 싶었기 때문에 한국에서 이집트는 나를 통하게 해야겠다는 생각으로 지금까지 왔습니다. 정말 뭔가를 하고 싶은 사람은 어떻게든 방법을 찾는다고 생각합니다.

박 이집트에 관심이 생겼다면 뭐부터 공부하면 좋을까요? 추천하고 싶은 방법이나 자료 혹은 책이 있을까요?

곽 이집트를 연구하고 싶다며 제게 메시지나 이메일을 보내는 분들이 많아요. 하지만 잘될 거라고 마냥 격려할 수만은 없어 자괴감이 듭니다. 미래를 보장할 수 없기 때문이죠. 그것이 제가 연구소를 만든 이유이기도 합니다. 연구소를 재단화하여 재정을 확보한 후, 그들이 열심히 공부할 수 있도록 실질적으로 지원하고 싶습니다.

박 10년 후에 소장님은 어디서 무슨 일을 하고 있을까요?

곽 저는 없어지고 연구소가 독립적이고 자체적으로 운영되는 게 최적의 상태일 거라 생각합니다. 저라는 캐릭터를 이용해서 이집트를 널리 소개하고 싶었는데 그 목적을 이뤄서 연구소가 원활하게 운영된다면 꿈이 이루어진 셈이니까요. 개인적으로는 제가 이집트 연구학자이니 연구만 하며 먹고사는 게 목표입니다.

고대이집트는 현대 한국과
시공간상으로 엄청나게 멀리
떨어져 있습니다.
그렇기 때문에 오히려 그들을 통해
우리 모습을 더 잘 비춰볼 수 있고,
우리 삶의 문명사적 위치를
객관적으로 통찰할 수 있죠.

심에스더

10년 차 성교육 강사이자 상담가. 성을 주제로 수많은 사람들과 만나고 있다. 솔직하고 따뜻하고 야하고 유쾌한 성 이야기를 하고자 노력 중이다. .

성에 관한 상담이나 문의가 필요하신 분은 심에스더 인스타그램 아이디 @kegoora로 연락하세요.

솔직 유쾌한 성 이야기꾼

성교육 강사 **심에스더**

Interview

 목까지 내려오는 눈부시게 빛나는 금발머리, 그보다 더 환한 미소, 가늘고 흰 손가락마다 끼워진 여러 개의 반지, 그리고 그 모든 걸 압도하는 따뜻하고 밝은 에너지의 소유자 심에스더 님을 만나봤습니다.

 그와의 인연은 상당히 오랜 시간을 거슬러 올라갑니다. 연도는 기억나지 않는데, 글쓰기를 본격적으로 해보고 싶다는 욕망이 일던 때였습니다. 그때 저는 글 잘 쓰는 방법을 배우고 싶어 은유 작가가 운영하는 글쓰기 수업의 문을 두드렸고, 그곳에서 심에스더 님을 처음 만났습니다.

 두 번째 수업을 들으러 간 날, 수업 때까지 시간이 좀 남아 근처 카페에서 책을 읽고 있는데 맞은편 테이블에서 그가 다른 학인과 앉아 담소를 나누고 있더군요. 저는 낯을 가리는 편이라 알은체하지 않고 책에 시선을 두고 있었는데, 그가 쿠키 하나를 건네면서 먼저 인사를 했습니다. 덕분에 남은 수업 내내 즐겁게 같이 글쓰기 공부를 할 수 있었습니다.

그 후 저는 그가 성교육 전문가로 활동한다는 걸 알게 됐고, 당시 성인이 되어가는 과정에 있던 딸에게 어색해서 잘할 수 없었던 성교육에 관해 종종 조언과 도움을 청했습니다. 그는 그때마다 달려와 저와 제 딸을 적극적으로 도와주었고, 유용한 조언을 많이 해주었습니다.

그는 학교와 다양한 기관을 다니면서 올바른 성의식 정립에 필요한 지식과 정보를 명쾌하면서도 유머러스하게 전달하는 명강사입니다. 저는 그와의 인터뷰를 통해 '성이란 무엇인가'에 대해 재미있고 심도 있는 대화를 나눠보고 싶었고, 결과는 기대 이상이었습니다.

평소 심 에스더 님을 가까이서 지켜보고, 때로는 그의 도움을 받으면서 느낀 점은 그가 사람을 안심시켜주는 사람이라는 것입니다. 몸이 있는 인간으로 태어난 이상 누구나 살면서 한두 번은 성과 관련된 문제를 겪을 수 있습니다. 그 과정에 믿을 만하면서 따뜻하고 공감과 이해를 잘하는 상담가나 교육자를 만난다는 건 얼마나 큰 축복일까요? 죽을 때까지 우리는 우리의 몸을 벗어날 수 없으니까요.

박   어떻게 성교육 강의를 하시게 됐는지 궁금합니다.

심   성과의 만남은 무척 일찍 시작됐습니다. 7살 때 유치원에서 친구가 저에게 웃기는 이야기를 해준다고 해서 귀를 쫑긋 세우고 들었어요. 지금 떠올려보면 춘향과 사또에 대한 일종의 음담패설이었는데 그게 너무 재미있어서 만나는 친구들에게 다 들려줬어요. 그 후에도 그런 이야기를 계속 듣고 싶어서 이곳저곳 찾아다녔습니다. 초등학교에 입학한 후 그때까지 들었던 몸과 성에 관한 이야기를 친구들에게 들려주었는데 그들이 놀라거나 부끄러워하는 반응을 보는 게 즐거웠어요. 그런 의미에서 저는 성 영재였던 셈이죠.

박   정말 성 영재였네요!(웃음) 그렇게 어렸을 때부터 성에 관한 이야기를 재미있어하고 찾아다녔다는 점이 굉장히 놀라운데요. 보통의 경우 성에 관한 이야기는 쉬쉬하거나 못하게 하는 억압적인 분위기가 강하잖아요. 그런 면에서 에스더 님의 집안 분위기는 어땠나요? 그런 이야기를 할 수 있는 자유로운 분위기였나요?

심   전혀요. 부모님은 매우 엄격하셨고, 제가 성에 관심이 있을 거라고는 상상도 못하셨어요. 다만 제게 6살 많은 오빠가 있는데, 오빠 친구들이 집에 놀러와 성에 관한 이야기를 하는 정도였죠. 하지만 저는 성에 관한 우리의 생각이나 가치관에 상관없이 이미 사회에 성적인 분위기나 암시가 만연해 있다는 걸 상당히 일찍 깨달았습니다.

박 성적인 분위기가 만연해 있다는 건 무슨 뜻인가요?

심 성에 관한 이야기를 꺼리고 터부시하면서도 성적인 암시와 뉘앙스는 사회 전반에 널리 퍼져 있었다는 뜻입니다. 남녀에게 기대되는 전통적인 성 역할이 다르고 그에 따라 교육이 달라지는 점도 포함되고요. 공개적으로 표현되지 않았을 뿐 사람들의 의식을 사로잡고 지배하는 성 문화가 이미 강력하게 뿌리내리고 있었던 거죠.

저는 그런 차이에 관심이 갔던 것 같아요. 예를 들어 어렸을 때 어머니는 저에게 여자는 웃을 때 목젖이 보이면 안 되고, 윗니 여섯 개만 보이게 웃어야 한다는 식으로 교육하셨어요. 정도의 차이는 있지만 당시 우리 세대는 그런 식의 교육을 받았습니다. 저는 그런 차별적인 구조와 사회 분위기에 의문을 가졌죠. 왜 그래야 하지? 하고요.

그러다 생리를 시작하고 남녀의 몸이 다르다는 점을 의식하게 되면서 그에 관한 이야기를 나누고 싶었지만 할 수 있는 곳이나 기회가 없었죠. 음담패설이 아니라 진지하게 몸과 성을 이야기하고 싶었는데 그게 안 됐던 거예요. 왜 우리 사회는 성이라고 하면 무조건 섹스나 음담패설만 떠올릴까, 왜 성과 관련된 이야기는 항상 부끄럽고 창피하고 민망하게 여겨지는 걸까 하는 의문이 들었습니다. 지금 와서 생각해보면 한국인은 성을 무조건 포르노그래피와 관련된, 자극적이고 타락한 날것으로 인식해서 그랬던 것 같아요.

그러다 고등학교 때 우연히 친구의 친척 집에서 친구들과 적나라한 포르노 비디오를 보고는, 각자 하고 싶은 섹스나 갖고 있는 성적 판타지에 관해 솔직하게 대화하는 시간을 가졌어요. 이날 저는 성적 대상이 아니라 주체로서 편견 없이 안전하게 성에 대한 생각을 나눌 수 있었고, 앞으로도 그런 기회가 많아지길 바라게 됐습니다. 그만큼 성이 우리 삶의 중요한 부분이란 점도 알게 됐고요.

대학생 때는 다니던 교회에서 인생 선배로 성 이야기를 하는 작은 모임을 주관하게 됐습니다. 사실 교회에서 제게 원한 건 안전한 데이트 방법 같은 것이었는데(웃음), 저는 데이트보다 성을 이야기하고 싶었죠. 그 모임의 반응이 좋아서 그 후 조금씩 비슷한 자리를 요청받았습니다. 돌이켜보면 그처럼 편한 분위기에서 성에 관한 질문을 던지고 답을 찾아가는 과정을 통해 저도 성장할 수 있었던 것 같아요. 제 이야기가 신선하다는 반응을 얻으면서 점점 입소문이 나기 시작했는데, 마침 구성애 선생님이 등장하면서 성에 대해 좀 더 자유롭게 말할 수 있는 사회적 분위기가 조성됐습니다.

30대 초반, 사람들의 성 인식을 높이는 이 활동이 제가 정말 좋아하는 일이고 저와 잘 맞는 일이란 걸 알게 되었어요. 그러면서 자주스쿨을 포함한 여러 교육기관을 찾아가 배우고 또 가르치기도 하면서 관련 지식과 경험을 축적했죠. 어린 학생들을 상담하다 보니 한 인간을 전인적으로 케어하려면 본격적인 공부가 필요하다는 생각이 들었고, 현재는 대학원에서 상담심리학 석사 과정을 밟고 있습니다.

박 학생들에게 성교육을 하러 갔을 때는 어떻게 아이스 브레이킹을 하나요? 재미있는 이야기를 들려주시나요? 아니면 흥미로운 실습을 하나요?

심 보시다시피 제 외모가 좀 독특하잖아요. 머리를 금발로 탈색하고 외모를 꾸미는 것도 아이스 브레이킹을 위해서예요. 어린 친구들은 독특한 외모를 가진 사람에게 좀 더 쉽게 마음을 열거든요. 교실에 들어갈 때도 하이톤으로 인사하고, 마음속으로 제가 코미디를 하는 유튜버라고 생각하고 그렇게 행동하려고 해요. 그런 식으로 분위기를 재미있고 밝게 만들려고 노력합니다. 성이라는 주제를 가능한 한 담담하고 평범하게 말하되 밝은 에너지를 전달하려고 노력하고, 학생들이 참여할 수 있도록 질문도 많이 합니다.

박　강의 도중 아이들이 민망한 질문 혹은 돌발 질문을 한 적은 없나요? 있다면 그럴 경우엔 어떻게 대처하시나요?

심　질문을 많이 하면 좋은데 대체로 잘 안 해요. 뭘 질문해야 할지 모르거나 눈치 보느라 질문을 안 하는 아이들도 많고요. 강의실에 교사를 비롯한 어른이 있으면 더 못하죠.

성 하면 뭐가 떠오르냐고 물으면 캐슬, 혹은 김씨 이씨 박씨 또는 혜성, 토성이라고 답하는 아이들이 꼭 나와요. 한번은 한 남학생이 강의가 끝난 후 무척 심각한 얼굴로 제게 다가와 자신의 고환(사실 이 용어를 쓰진 않았습니다)이 짝짝이라 고민이라고 털어놓더군요. 제가 "대부분 짝짝이고 그건 정상이야."라고 말해주었는데, 그 학생이 집에 가서 하늘에서 천사가 내려와 자기 문제를 해결해줬다고 하더래요. 부모님에게 그 말을 전해 듣고 기뻤던 기억이 있어요.

박　정말 그러셨겠네요. 그 소년은 얼마나 고민이었겠어요. 정말 좋은 일을 하신 거네요. 다양한 연령대의 사람들에게 강의와 상담을 하시는 것으로 아는데 어떤 연령대가 가장 어려우세요?

심　솔직히 나이는 문제가 안 돼요. 그보다는 주어진 시간은 부족한데(학교 강의 같은 경우 40분 안에 끝내야 할 때도 있어요) 사전 지식이 없는 상태에서 너무 많은 정보를 전달받기

원할 때, 성에 관해 지극히 보수적인 태도를 가진 사람들이 어디 무슨 이야기를 하나 보자, 라는 식으로 대할 때 힘들어요. 초등학교 저학년 친구들을 대상으로 할 때는 교육과 동시에 이들을 돌보고 훈육하고 집중하는 일에도 신경 써야 하니 육체적, 정신적으로 에너지가 많이 들어가요. 그러다 보니 강의가 끝난 후 탈진하는 일도 종종 있습니다.

박 유치원은 어떤가요? 유치원에서도 성교육을 하시죠?
심 물론입니다. 유치원생들은 정말 귀여워요. 그리고 선생님들이 옆에서 밀착 케어를 해주시기 때문에 저학년 아이들을 교육할 때보다 오히려 품이 덜 들어가요.

박 강의 도중 학부모나 교사 혹은 강의 주관자로부터 부당한 요구나 항의가 들어올 때가 있나요? 그럴 때는 어떻게 대처하세요?
심 당연히 그런 경우가 생깁니다. 예를 들어 제가 청소년은 자위를 안전하고 건강하게 잘해야 한다, 아들들뿐 아니라 딸들도 자위를 하고 있고 할 수 있다, 라고 말했을 때 문란한 성을 조장하고 청소년의 성 욕구를 부추긴다고 항의하는 양육자들이 있었어요. 교직원 성폭력 예방 교육 현장에서는 제가 말한 사례가 자신의 경험과 비슷하다고 생각해 그 자리를 박차고 나갔다가 나중에 항의한 사람도 있었지요. 남학생의 가해 비율이 높다고 하자 교직원이나 공무원이 이의를 제기하는 일도 있었고요. 남성을 잠재적 가해자로 본다면서요. 그럴 때 저는 어떤 현상이 지속적이고 반복적으로 발생할 때는 그 상황을 객관적으로 파악해서 대처 방안을 마련하는 것이 합리적이라는 말로 설득하는 편입니다.

박 현재 한국의 성교육에서 가장 시급한 문제는 뭘까요? 피임 교육? 데이트 폭력 예방 교육? 성폭력과 성추행과 성희롱 예방 교육? 아니면 성 의식과 지식을 높이는 교육일까요?

심 제가 보기에는 성 의식과 성 인식을 높이는 교육이 가장 우선되어야 합니다. 성을 사고나 사건과 관련지어서만 생각하지 말고, 성이 우리 삶의 중요한 일부이자 즐거운 행위이며 선물이라는 입체적 시각을 길러주는 것이 중요해요.

현재 한국에서 성은 섹스이자 섹스로 인해 생기는 문제라는 인식이 절대적입니다. 성을 문제이자 사건, 사고로만 바라보는 인식은 위험해요. 건강하게 성을 누리며 상대와 행복하게 소통하는 방법, 상대를 존중하는 태도와 유머를 배우는 것이 더욱 필요합니다. 그러려면 성에 관한 올바른 정보와 지식이 있어야 합니다. 저는 그런 이야기를 하려고 노력하는 편이에요. 하지만 교육 현장에는 성을 문제와 해결 공식으로만 바라보는 시각이 많아 힘들 때가 있습니다.

박　　우리 사회의 성 의식과 인식은 과거보다 좋아졌나요?

심　　좋아졌다 혹은 나빠졌다, 라는 식으로 표현하긴 힘들고, 성에 대한 의견이 다양해지고 있다고는 생각합니다. 성에 대한 인식의 스펙트럼도 넓어지고 있고요. 문제는 이런 변화가 너무 느리게 일어나고 있다는 거예요. 머리로는 느끼지만 가슴이 따라가는 속도가 느린 편이에요.

박　　20대 남녀의 젠더 갈등이 격화되고 있습니다. 페미니즘을 무조건 혐오하는 남성 청년들도 많다고 들었어요. 그들의 성에 대한 의식과 지식이 페미니즘 혐오와 상관관계가 있다고 생각하세요?

심　　저는 당연히 상관관계가 있다고 생각해요. 성은 단순한 섹스가 아니에요. 그 바탕에는 타인을 대하는 태도와 의식이 깔려 있어요. 페미니즘은 젠더를 통해 인간의 평등과 권리를 찾으려고 하는 운동인데, 자기와 다른 성에 대한 지식과 인식이 없다면 자동으로 타자에 대한 편견을 갖기 마련이고, 이런 편견은 결국 혐오와 차별로 이어질 수밖에 없습니다. 성에 대한 무지가 불평등과 갈등을 불러일으키는 거죠.

박   공저로 쓰신 책 『이런 질문, 해도 되나요?』를 보고 충격받은 부분이 있는데요. 여성의 몸과 임신에 대해 어떻게 생각하는지 설문조사를 했을 때 한 남학생이 '나와는 상관없는 일'이라고 적어냈다는 걸 보고 너무 놀랐어요. 그건 소수의 생각일까요?

심   저는 오히려 대다수 남학생의 생각일 수 있다고 봅니다. 여자가 임신을 하건 말건 자기에게 일어나는 일이 아니니 상관없다는 인식이죠. 지금 한국에서 벌어지고 있는 영아 유기 및 살인사건을 추적해서 유기한 엄마들을 사형까지 받게 만들겠다는 일련의 법적 조치들이 그 단적인 예 아닌가요? 아기들이 유기되는 상황에서 오직 엄마만 처벌을 받는 거죠. 그 아이들의 아빠는 대체 누구인지, 어디에 있는지는 밝히려 하지 않고요.

박   『이런 질문, 해도 되나요?』는 아주 유익하고 흥미로운 책이라고 생각합니다. 거기서 '여자가 먼저 고백해도 되나요?'라는 꼭지에 특히 공감했어요. 사회에서 고정된 성 역할과 성 의식을 제대로 다뤘다고 생각합니다. 여기서 다시 질문할게요. 여자가 먼저 고백해도 될까요?

심   여자가 고백해도 된다, 하면 안 된다, 이런 말이 자꾸 나오면서 그런 가치관과 의식이 점점 더 강화되는 경향도 있다고 봅니다. 작가님이나 저나 딸을 키우고 있으니 이런 말을 하면 안 된다는 걸 알면서도 막상 딸이 먼저 고백했다고 하면 약간 꺼림칙한 기분이 들 때가 있잖아요. 이처럼 인간의 감정에는 시차가 있어서, 머리로는 '여자가 먼저 고백하면 왜 안 돼?' 하면서도 마음은 아직 적응을 못해요.

무엇보다 관계 맺음에 있어 여성보다 남성이 권력자라는 인식이 존재하고, 약자가 되지 않으려는 데서 그런 말이 나오는 거라는 생각도 들고요. 대놓고 말하진 않지만, 여자가 먼저 고백하면 약자의 위치에 서게 된다고 생각하는 사람들이 많은 거죠. 몇 년 전에 나온 흥미로운 조사 결과가 있는데 초등학교 때는 여학생이 먼저 고백하는 비율이 높지만 중고생이 되면서 그 비율이 낮아진다고 합니다. 그게 사회와 가정에서 주입한 의식의 결과가 아닐까 싶어요.

박 이건 좀 다른 이야기일 수도 있는데 남녀 관계에 있어서 좋은 짝을 만나려면 많이 만나봐야 한다는 배정원 교수의 말을 유튜브에서 보고 큰 위로를 받은 적이 있어요.

심 맞아요. 우리 사회는 여전히 운명의 상대를 만나면 다 해결될 것이라는 신화에 지배되고 있습니다. 하지만 현실은 그렇지 않아요. 연애도 섹스도 훈련과 연습이 필요해요. 훈련하고 연습한 만큼 좋은 결과가 나오고, 좋은 상대를 찾고 만날 수 있는 안목이 생깁니다. 좋은 상대라는 건 나와 맞는 상대를 뜻합니다. 여러 명을 만나보고 나서야 좋은 파트너를 찾을 수도 있고, 한두 명 만나고 찾을 수도 있어요. 무조건 많은 사람을 만나라는 것이 아니라 다양한 사람들과 만나려고 시도하고, 소수와 만난다 하더라도 그 만남 속에서 다양한 소통을 연습하고 훈련하는 게 중요합니다.

박 그 말씀을 들으니 한때 이슈가 됐던 퐁퐁남 사건이 떠오릅니다. 남성들의 성 경험을 비롯한 과거는 '경력'이 되는 반면 여성의 성 경험은 감추어야 할 나쁜 '과거'로 여기는 사고방식이 단적으로 드러난 사건이라고 보는데요. 그 사건에 대해 어떻게 생각하세요?

심 여성을 성적 대상으로만 바라보는 가치관이 그대로 드러난 현상이 아닐까요. 물론 그런 문제를 제기한 남성이 소수이긴 하지만, 아무튼 여성의 가치를 순결로만 재단하고, 남편을 설거지 대상으로만 여기는 편견을 보여준 것이잖아요. 여성을 그렇게 바라보는 데서 퐁퐁남이란 현상이 불거졌다고 생각합니다. 그런 시각으로 여성을 본다면 과거 우리 윗세대 여성들과 현재 맞벌이를 하면서 살림도 많이 하는 여성들 역시 퐁퐁녀일 거예요. 장담컨대 퐁퐁남보다 퐁퐁녀가 압도적 비율로 많을 것 같은데요?(웃음)

박 앞서 언급한 에스더 님의 책에서 청소년의 이상형 설문조사 결과를 보고 조금 충격을 받았습니다. 21세기를 살아가는데도 여전히 많은 아이들의 시각이 보수적이고, 고정된 성 역할과 이미지에 물들어 있다는 느낌이 들어서요. 혹시 최근에도 이런 설문조사를 해보셨나요? 그랬다면 결과는 책을 쓰셨을 때와 비교해 달라진 게 있나요?

심 과거에는 아이들이 별 생각 없이 말하는 경향이 짙었지만, 요즘은 사회 분위기가 달라지고 있어서인지 학생들 역시 성 인지 감수성, 차별 등의 개념을 잘 익히고 있어요. 아쉬운 건 언제나 어른들의 의식이죠. 다만 관계를 맺는 방식에 있어 사회 전반에 각자도생 분위기가 깔려 있다 보니 그런 면에서 영향을 받는 것도 있어요. 연애보다는 내가 먼저 살아남아야 한다는 생각을 갖게 된 거죠.

박 얼평 문화에 관해 이야기를 나눠보고 싶습니다. 우리는 노골적인 얼평 문화 때문에 상처를 많이 받은 세대인데요. 요즘 아이들은 아이돌을 롤 모델로 삼아서인지 얼평의 기준이 오히려 더 비현실적이고 심각해진 것 같다는 느낌도 받습니다. 예를 들어 여자 아이들의 이상형은 장원영이고, 남자 아이들은 차은우를 이상형으로 본다는데 어떻게 생각하세요?

심 요즘 아이들은 미디어의 영향을 많이 받을 수밖에 없는 세대예요. SNS를 통해 전형적인 미의 기준이 고정되는 경향이 있고, 미모가 뛰어난 사람들이 혜택을 받는 경우도 여전히 많아요. 따라서 그런 기준에 부합하지 못했을 때 열등감을 느끼거나 차별을 받는 일이 종종 발생합니다.

한편으론 다양한 외적 기준을 원하는 목소리 역시 커지고 있어요. 저는 자기만의 매력과 능력을 인정하고 받아들이는 것이 인간이 가진 큰 힘이라고 생각해요. 실제로 그렇게 강하게 살아가는 사람들도 많고요. 그런 사람이 되려면 사회가 선호하는 정형화된 기준이 있을 수 있다는 점을 인정하되, 혹여 그로 인해 비교당하거나 좌절하는 순간이 올지라도 그것이 전부가 아니라는 생각, 거기서 조금만 벗어나면 내가 가진 것, 나의 기준 안에서 충분히 자유롭고 행복하게 살 수 있다는 가치관을 가지려는 노력을 해야 합니다. 부모들도 지속적으로 그런 메시지를 표현하고 말해주는 게 중요하고요.

그런 말을 자꾸 듣고, 자신만의 모습으로 사랑받고 인정받는 경험을 쌓아가다 보면 정형화된 기준에 무너지지 않고 그것을 견뎌낼 힘이 생길 거예요. 그러니 포기하지 말고 아이와 우리의 행복을 위해 다른 가치를 찾아보자고 말하고 싶습니다. 실제로 그런 이야기를 자주 하는 편이고요.

박   요즘은 다양한 이유로 섹스를 하지 않고 살아가는 성인이 늘어나고 있어요. 부부라도 피곤하다는 이유로 섹스를 하지 않고, 싱글들은 연애를 하지 않거나 아예 모태 솔로인 경우도 많아요. 관계가 주는 부담감이 커서 그냥 혼자 지내고 싶다는 사람들도 많이 봤어요. 과연 섹스는 우리에게 필요한 걸까요? 섹스는 우리에게 어떤 의미가 있는 걸까요?

심   『여자 사전』이라는 책에 섹스는 의무와 과업이 아닌 보상이라는 말이 나와요. 섹스는 내가 자발적으로 원해서 상대와 즐기고 싶은 보상으로 존재해야지, 부담이나 의무가 되어선 안 된다는 말이죠. 그러려면 섹스 본연의 가치를 회복해야 해요. 어떻게 하면 섹스를 선물로 받아들이고 그로 인한 기쁨을 찾을 수 있을지 고민해야 하는 시기라고 생각합니다.

박   '성소수자'라는 용어는 잘못된 용어, 편견을 불러일으키는 용어일까요?

심   실제로 소수자가 아닐 확률도 높아요. 우리가 생각하는 것보다 많은 사람이 성적으로 다양한 취향을 가지고 있는데, 이성애가 정상이자 당연한 것이라고 보는 세상이기 때문에 그렇지 않은 사람은 소수자가 되는 거죠. '정상이 아니므로 소수'라는 의식에서 차별이나 인식의 왜곡이 생길 수 있기 때문에 용어 하나를 쓸 때도 많은 고민이 필요하다고 봅니다.

박 그루밍 성범죄를 예방하는 방법에 대해 알려주세요.

심 먼저 법적 처벌이 강화되어야 합니다. 상상만 해도 두려울 정도로 처벌이 엄중해져야 해요. 그루밍 범죄는 굉장히 치밀하고 계획적이기 때문에 미연에 방지하기가 쉽지 않아요. 대개 정서적으로나 경제적으로 취약한 사람들, 사람을 의심하지 않는 순수한 사람들을 타깃으로 하기 때문에 입증하기도 쉽지 않고요.

이 범죄는 처음에는 피해자의 고민을 잘 들어주고 친절하게 대하다가 요구가 시작되는 단계에서 발생합니다. 피해자를 고립시키고 둘의 관계를 비밀로 하게 하는 것이 그 시작이에요. 그러니 잠재적 범죄자와 따로 만나게 하지 말고, 자신의 사진과 영상을 타인에게 넘기지 않도록 교육해야 합니다. 역할극이나 시뮬레이션으로 연습하는 방법도 있어요.

그렇게 했는데도 범죄에 노출되면 피해자들은 큰 죄책감과 두려움에 떨어요. 그럴 때 그건 너의 잘못이 아니라는 점을 주지시키고 안심시킨 뒤 걱정 말고 도움을 요청하라고 여러 번 말해줘야 합니다. 네 잘못도 책임도 아니며, 보호자에게 도움을 청할 수 있는 건 네 권리라고 확실하게 알려줘야 해요. 범죄 피해자가 된 것은 네 책임이 아니라고 반드시 말해주는 것, 예방만 중요한 게 아니라 실제로 문제가 발생했을 때 피해가 더 커지지 않도록 하는 것이 정말 중요합니다. 우린 모두 인간의 연약함을 인정해야 해요.

박 연애할 때는 자신이 당하는 학대가 데이트 폭력이거나 가스라이팅이라는 걸 인지하지 못하는 경우가 많은 것 같습니다. 데이트 폭력과 가스라이팅에는 어떤 위험 신호가 있을까요?

심 요즘에는 그에 관한 정보를 인터넷 등에서 쉽게 찾아볼 수 있어요. 기본적으로 가스라이팅은 나의 자존감을 떨어뜨리고, 나를 고립시키며, 자신이 아니면 누구도 나와 관계를 맺고 싶어하지 않는다는 등의 말로 나의 자주성을 교묘히 파괴합니다.

데이트 폭력에는 큰 소리로 고함을 치는 행위도 포함됩니다. 최근에 부재중 전화 67통을 건 경우도 스토킹이라는 판결이 나왔어요. 일상적인 상식을 넘어선 통제 욕구도 데이트 폭력입니다. 나의 옷차림을 간섭하거나, 내가 누구를 만나는지 감시하고 못 만나게 하는 것 역시 데이트 폭력이고요. 나에 대한 애정이 너무 커서 그런 거라고 생각하는 경우엔 상대를 설득해야 하는데, 설득이 효과가 있다면 애정이겠지만 그렇지 않다면 폭력이라고 볼 수 있습니다.

박 책에서 장애인의 성을 다룬 부분도 좋았습니다. 몇 년 전 방영된 드라마 〈이상한 변호사 우영우〉에서 장애인의 성을 소재로 한 재판 이야기도 나왔는데, 보셨다면 그 에피소드를 어떻게 생각하셨는지 이야기 나눠보고 싶어요.

심 　현장에서 교육과 상담을 하면서 이상과 현실은 상당히 다르다는 걸 절감합니다. 이상이 현실에 들어맞지 않는 경우가 무척 많아요. 이상은 장애인의 자유로운 성생활과 연애할 자유를 보장하는 것인데 그러기 위해서는 제도와 법과 사람의 인식이 받쳐줘야 합니다. 현재 우리 사회는 그런 부분이 해결되지 않고 있기 때문에 이상을 현실에서 실현하기 힘들어요. 자녀의 자유와 안전 사이에서 보호자는 필연적으로 갈등할 수밖에 없습니다.

그러니 이상과 현실 중 하나를 선택하라고 몰아가지 말고 안전하게 자유를 누릴 수 있는 환경을 만들어가기 위해 노력해야 합니다. 우리 사회는 안전과 자유를 선택의 문제인 것처럼 여기게 만들지만 그렇지 않습니다. 먼저 그렇게 누릴 수 있는 권리를 요구하고 만들어가야 합니다. 장애 당사자가 이상적인 선택을 할 수 있는 환경을 만들고, 그런 시스템이 제대로 작동할 수 있도록 모두가 노력해야 합니다. 그리고 쉽게 판단하지 말아야 합니다.

성을 사고나 사건과
관련지어서만 생각하지 말고,
성이 우리 삶의 중요한 한 부분이자
즐거운 행위이며 선물이라는
입체적 시각을 가져야 합니다.

최은숙

2002년부터 국가인권위원회 인권 조사관으로 일하고 있다. 조사관으로서 만난 사람들의 목소리에 작은 스피커를 하나 연결하고 싶은 마음으로 일하고 글을 쓴다.

호소의 말을 듣는 사람

인권위 조사관 **최은숙**

Interview

 국가인권위원회는 우리 곁에 존재하지만 목소리가 들리지 않는 이들, 다시 말해 힘없고 외로운 이들의 호소를 들어주는 기관입니다. 진정이 들어오면 진실을 찾아 직접 발로 뛰며 억울함을 풀어주는 인권의 최전선에 선 곳이죠. 최은숙 조사관은 인권 분야에서 20년 이상 일하며 그 분야의 '시조새'라 불리는 인물로, 2022년 『어떤 호소의 말들』이라는 책을 출간한 바 있습니다. 그를 만나 일과 세상을 바라보는 관점에 대해 들어봤습니다.

 약속 장소인 카페에 먼저 가서 인터뷰 질문을 검토하고 있는데 최은숙 조사관이 들어왔습니다. 특유의 맑은 얼굴과 총기 가득한 눈동자가 인상적인 그는 앉자마자 내 끼니를 염려하며 샌드위치와 홍차를 주문해주었습니다. 많은 인터뷰이를 만났지만 이처럼 배려가 남다른 이는 처음이었습니다. 인권 조사관으로서의 관록이랄까, 내공이랄까, 타인에 대한 특별한 감수성이랄까, 그런 것이 느껴져 감탄할 수밖에 없었습니다.

이야기를 나누는 내내 그런 인상은 변하지 않았습니다. 인터뷰어는 듣는 게 전부라고 할 정도로 집중해서 들어야 하는 사람인데, 그 역시 저의 질문을 경청하고, 중간중간 제 이야기에 다시 질문을 더하면서 우리의 대화가 최대한 명료하고 정확하게 진행될 수 있게 신경 썼습니다. 조사관으로 오랫동안 일한 경험이 빛을 발하는 것이라는 생각이 절로 들었습니다. 인권에 대해 무지한 제가 실례가 되거나 무례한 질문을 하지나 않을까 대화 내내 조심스러웠는데, 결과적으로 많은 것을 배울 수 있는 귀중한 시간이었습니다.

박 일반인들은 인권위 조사관이라는 직업을 잘 모를 것 같습니다. 인권위 조사관은 어떤 법적 지위를 갖고 있나요? 공무원? 준공무원? 그냥 독립적인 단체의 구성원 같은 건가요?

최 인권위가 설립된 지 20년이 넘었는데도 이런 질문을 받는다는 건 저희가 더 열심히 일해야 한다는 의미겠지요?(웃음) 사실 작가님뿐 아니라 제 친구들도 제게 공무원이냐고 물을 때가 많아요. 제가 어딘가 공무원스럽지 않은 느낌을 주는 걸까요? 하지만 인권위 조사관은 '찐' 공무원이랍니다.

구체적으로 말하면 국가인권위원회는 입법부, 사법부, 행정부 어디에도 소속되지 않은 독립된 기구입니다. 아마 이 점 때문에 조사관이 공무원인지 아닌지 헷갈려하시는 것 같아요. 공무원이 3부 어디에도 소속되어 있지 않은 것은 아주 예외적인 상황이니까요. 국가인권위원회가 국가기구인 만큼 인사와 예산에서 완전히 독립되어 있다고는 할 수 없지만, 적어도 업무에 있어서는 다른 기관의 간섭 없이 독립적으로 일합니다. 업무의 독립성이 인권위를 지탱하는 가장 큰 힘이죠. 인권 침해를 조사하는 국가기관에 독립성이 없다면 제대로 일할 수 없으니까요.

그만큼 인권위의 분위기도 다른 국가기관에 비해 비교적 자유롭고 민주적입니다. 그래서 다른 부서 공무원들이 왔다가 공무원 조직 같지 않다고 평할 때도 종종 있습니다.

박 그렇군요. 생각해보니 당연한 것 같기도 합니다. 인권위가 권위적이거나 특정 성별을 차별한다거나 혹은 위계에 민감하다면 그 자체로 모순이겠지요. 그런 면에서 좋은 직장에 다니시는 것 같습니다. 인권위에는 어떻게 들어갈 수 있나요?

최 인권위는 2001년 설립됐습니다. 처음에는 크게 두 그룹으로 구성되었어요. 경력직으로 특채된 사람, 처음부터 공무원 시험 봐서 들어온 사람. 저는 시민단체에서 인권 관련 일을 하다 그 경력을 인정받아 들어온 전자에 속합니다.

박   인권위 소속 공무원의 구성에 대해 좀 더 구체적으로 설명해주시겠어요?

최   경력직으로 오는 사람 가운데 상당수가 저처럼 관련 단체에서 일한 사람, 인권을 연구하는 학자나 변호사 등이었고, 공무원 시험에 합격한 다음 인권위를 지망해서 오는 경우도 있었습니다. 요즘은 인권위에 지원하는 공무원이 많다고 해요. 인권위 청사가 서울에 있다 보니 세종시까지 내려가지 않아도 돼서 그런다는 얘기가 있네요.(웃음)

20년이란 세월이 흐르면서 그 두 집단이 조화를 이루게 됐어요. 새 인물이 들어와 인권위 분위기에 놀라는 일도 종종 있어요. 관료적이지 않고, 상명하복 문화가 덜하고, 위계가 상대적으로 약한 분위기를 보고 놀라곤 하죠. 또 인권위에는 개인의 창의력과 열정을 좀 더 존중하고 보호하는 특유의 문화도 있어요. 회의할 때 틀린 건 틀렸다고 말하는 분위기와 환경이 갖춰져 있습니다. 다만 아직은 그런 자유로운 분위기가 유지되고 있지만 나중에도 그러리라 장담하긴 힘들어요.

인권위 초기에는 다양한 인권 경험을 갖춘 사람들이 직원으로 채용되었는데, 시간이 지날수록 공무원 시험을 통해 들어오는 직원의 비중이 커지고 있습니다. 그런 분들에게 문제가 있다는 말은 아니에요. 다만 특정 계층에 유리할 수밖에 없는 시험제도에서 우위를 보인 사람만이 인권위 조사관이 되는 건 문제일 수 있습니다. 사회적 약자를 돌보는 일을 하는 인권위가 제 역할을 하기 어려울 수도 있으니까요. 인권위가 제대로 일하려면 구성원의 다양성이 핵심이 되어야 하는데 갈수록 그 다양성이 약해지는 것 같습니다.

박 우리나라의 경우 개인이나 단체가 인권 침해 또는 차별 행위에 대해 직접 진정을 제기해서 인권위가 사회적으로 중대한 차별이나 인권 침해가 일어났다고 판단한 경우 조사를 시작한다고 알고 있습니다. 인권위 조사관이 조사를 청하면 피진정인들은 모두 그 조사에 응할 법적 의무가 있나요? 거부하는 사람들도 있을 것 같은데, 인권위 조사에 법적 구속력이 있는지 궁금합니다.

최 피진정인은 국가인권위원회법에 따라 인권위 조사에 성실히 응해야 합니다. 다만 경찰이나 검찰 수사와 같이 조사를 거부할 때 영장을 발부받아 체포하거나 구속해서 조사할 권한은 없어요. 하지만 대부분은 조사 요청 시 협조를 잘하는 편이에요. 인권위 조사가 경찰이나 검찰과 다른 점은 진정인이나 피진정인을 만나러 발품을 파는 경우가 많다는 겁니다. 주로 조사관이 진정인이나 피진정인을 직접 만나러 가죠.

국가가 하는 일은 넓은 의미에서 보면 국민이 편히 살 수 있게('사람이 사람답게 사는 세상'이 인권위의 슬로건입니다) 법과 행정과 절차를 만드는 것이고, 그 모든 것이 인권을 위한 일입니다. 재산권도 인권이고 안전벨트를 차야 하는 의무도 국민 생명을 보호하는 인권이죠. 휴대폰을 개통할 때 쓰는 계약서, 피트니스 센터에서 쓰는 계약서, 부동산 계약서도 모두 인권을 지키는 계약입니다.

여러분이 길을 걷다 갑자기 떨어지는 간판에 다치거나 구덩이에 빠져 다치는 일이 없도록 관련 법을 만들어 규제하고 감독하는 일도 인권을 보호하기 위함이고요. 정부가 하는 모든 일은 결국 국민을 보호하는 인권 업무입니다. 그런 법이 과도해서 국민의 권리를 침해하는 경우가 생기면 안 되겠지만요. 인권과 법을 너무 어렵게 생각하지 않았으면 합니다.

박 검사에게 조사받을 때 원하지 않는 진술서에 사인하라는 강요를 계속해서 받으면 경찰과 인권위에 신고할 수 있다고 들었습니다. TV 드라마나 영화에서 보는 검찰은 절대 권력으로 느껴져 두려웠는데요. 그런 권력에 맞서 인권위에 억울함을 호소할 수 있다는 말을 듣고 크게 안도한 적이 있어요. 정말 인권위에 이러한 도움을 청할 수 있나요?

최 본인에게 불리한 진술을 거부할 수 있는 권리는 헌법에 보장돼 있습니다. 형사 피의자에게 그건 가장 기본적인 권리이기에 언급하신 강압적인 수사 방식은 당연히 인권 침해에 해당합니다. 검찰 조사를 받다 진술 강요라는 생각이 들어 진정을 접수하면 분명한 조사 대상이 됩니다. 물론 전화를 주신다고 저희가 당장 달려갈 수 있는 건 아니지만요. 또 진술을 강요받았다는 것을 증명하는 데도 여러 어려움이 따를 겁니다.

인권은 개인의 안전과 권리를 해치지 않는 한 국가가 개입하지 않는 방향으로 발전해왔습니다. 현행범이거나 긴급체포 대상이 아닌 이상 사람을 구속하거나 체포하려면 법원이 발부한 구속영장이나 체포영장이 필요한 것도 그 때문입니다.

수사 절차상 경찰 수사를 받을 때는 변호인 입회가 가능합니다. 경찰이나 검찰이 수사하는 과정에서 당사자의 충분한 동의를 받아야 하는 적법 절차의 문제는 일선에서 비교적 잘 지켜지고 있다고 생각합니다. 보통 시민들이 생각하는 것처럼, 그리고 드라마나 영화에서 보듯 어두운 방에서 경찰이나 검사가 피의자를 윽박지르고 폭력을 행사하는 경우는 드물어요.

여기서 한 가지 말씀드리고 싶은 것은 인권을 너무 어렵게 생각하지 말라는 거예요. 제가 YMCA 시민중계실에서 근무할 때도 민원이 많이 들어왔는데 거의 다 법적인 문제였어요. 그런데 관련 법 조항을 꼼꼼히 읽어본다면 일반 시민도 자신의 이익과 권리를 지키기 위해 대응할 수 있습니다. 하지만 법에 관한 문제라고 하면 보통은 당황하거나 두려워해요. 그래서 아주 간단한 답변서를 내는 일에도 수백만 원의 수임료를 들여 변호사를 쓰는 분들이 많습니다. 법률 언어가 쉽지 않고, 법적 제도가 일반인이 접근하기 어렵게 되어 있기 때문이죠. 평소 법의 언어를 두려워하지 않는 태도를 갖는 것 또한 자신의 권리를 지키는 방법입니다.

박 인권위 조사관도 진실을 좇는다는 면에서 경찰이나 탐정과 비슷하다는 생각이 드는데요. 우수한 조사관이 되려면 어떤 자질이나 품성이 필요할까요? 예를 들면 진실을 향한 집요함? 진정인의 억울함을 풀어주고 그들의 고통에 공감할 수 있는 인권 감수성? 아니면 풍부한 법적 지식?

최 (빙긋 웃으며) 제가 2년 정도 조사관 교육 담당관으로 일한 적이 있어요. 그때 조금 생각했던 문제라 재미있는 질문인 것 같네요. 좋은 조사관이 되려면 인권 감수성도 있어야 하고, 진정인을 설득해야 하니 설득력도 갖추고 있으면 좋겠죠. 조사가 끝나면 인권위원들 앞에서 보고를 해야 하니 발표도 잘해야 하고, 보고서 역시 잘 써야 하니 기본적으로 여러 가지 기술적 자질이 필요합니다.

그리고 그에 못지않게 진실을 찾겠다는 열정이 있어야 합니다. 조사관의 조사에 앞서 피해자가 용기를 내줘야 하고, 사건을 조사할 때 목격자가 나서서 증언해주는 용기와 선의도 필요하고요. 조사관과 인권위에 대한 진정인과 목격자의 신뢰는 말할 것도 없죠. 조사관에 대한 인권위원들의 믿음과 지원도 중요합니다. 결국 누구 한 사람이 잘해서 되는 일은 하나도 없다는 것을 시간이 흐를수록 더 크게 깨닫고 있어요. 그런 면에서 저는 그동안 운이 좋았다고 생각합니다.

인권위뿐만 아니라 많은 일이 그럴 것 같습니다. 개인의 기술은 물론 주위 사람들의 도움과 행운이 필요할 거예요. 착실하고 성실한 품성도 중요하죠. 마지막으로 남이 알아주지 않아도 진정인의 호소를 묵묵히 듣는 성실한 사람들이 좋은 조사관이 된다고 생각합니다. 좋은 조사관의 덕목을 아는 만큼 제가 잘 실천하고 있는지에 대해서는 자신이 없지만요.

박 억울한 사람들의 호소를 직업적으로 듣다 보면 감정적으로 지치고 화가 나는 일도 많을 것 같아요. 그럴 때 스트레스 해소는 어떤 식으로 하시나요?

최 저는 산에 올라요. 조사관으로 일하면서 힘들었을 때가 있었어요. 이명박 정부가 들어선 후 조직이 갑자기 20퍼센트나 축소되며 능력 있고 선량한 동료들이 많이 떠났습니다. 그때 휴직을 하고 2년 동안 미국에서 지내다 한국으로 돌아와 산에 다니기 시작했는데 그게 도움이 많이 됐어요.

일하다 보면 무척 복잡한 사건도 혼자 책임져야 할 때가 많습니다. 처음 사건을 배정받고 나면 이 일을 어떻게 끝내야 할지 몰라 아득할 때가 있어요. 그럴 때 한 발 한 발 걸어 산 정상까지 가면 마음이 딱 풀어지는 지점이 있습니다. 이렇게 산을 오르는 것처럼 조사할 수 있겠지, 하며 힘을 받습니다.

박 조사관님이 쓰신 책 『어떤 호소의 말들』에는 마음에 스며드는 문장이 많습니다. "부끄러움을 숙제처럼 끌어안고 집으로 돌아왔다."라는 문장처럼요. 조사관님만의 글쓰기 비법이 궁금합니다.

최 딱히 글쓰기 비법이라고 할 만한 건 없습니다. 제 일 자체가 항상 보고서를 쓰는 거니까요. 그것도 굉장히 긴 보고서를요. 진정인의 내러티브를 살려서 쓰는 일이 어렵죠.

박 반대로 내러티브를 살려서 써야 하니 좋은 글쓰기 훈련이 될 수도 있을 것 같아요.

최 하지만 보고를 받는 사람들이 원하는 건 명확한 보고서예요. 그런데 제가 하는 일이 사람에 관련된 일이기 때문에 100퍼센트 명확하게 팩트만 적는 식으로 선을 긋기는 힘든 경우가 많습니다. 그래서 저는 51퍼센트의 이유로 인권 침해라는 결론을 내리면서 나머지 49퍼센트의 사정도 있다는 내용을 보고서에 넣으려고 노력하는 편이에요. 전형적인 기준으로 보면 좋은 보고서가 아닐 수 있겠지만요. 저의 오랜 경력과 업무 성과를 보고 믿으며 용납해주는 분들이 계셔서 지금까지 그런 스타일의 보고서를 쓸 수 있었던 것 같습니다.

박 공문서로는 단점이 될 수도 있겠지만 문학작품이라면 그야말로 좋은 글이 될 것 같습니다. 밖으로 드러나지 않는 사정을 밝혀서 보여주는 것이 문학이니까요.

최 맞아요. 저는 유난히 우리나라 공문서가 결론만 쓰는 경향이 짙다고 생각합니다. 그야말로 상사에게 보고하는 형식이죠. 캐나다나 다른 국가의 보고서에는 개인 사정의 내러티브가 훨씬 잘 살아 있는 것 같아요. 어떤 사람이 법률 몇 조에 의해 인권 침해를 당했다, 혹은 차별당했다는 사실만으로는 피해자의 고통이 제대로 드러나지 않아요. 피해자가 어떤 고통을 당했는지 가능한 한 구체적으로 드러낼 수 있을 때 같은 피해를 예방할 수 있다고 생각해요. 우리 인권위 보고서도 그런 식으로 내러티브를 좀 더 살려서 쓰면 좋겠습니다.

박 인권위에 들어오시기 전에 서울 YMCA 시민중계실에서 일하셨다고 했는데, 그곳은 주택임대차보호법 제정을 통한 세입자 보호 운동에 집중하는 단체라고 알고 있습니다. 거긴 어떻게 들어가셨고, 어떤 활동을 얼마나 오랫동안 하셨는지 궁금해요.

최   대학교 다닐 때 남편(박원석 전 정의당 국회의원)을 만났어요. 같은 사회학과 커플이 됐죠. 저는 남편처럼 '강성'은 아니었지만 같이 학생운동을 했습니다. 그러다 보니 취업 준비도 제대로 못한 채 대학을 졸업했어요. 그래서 아르바이트도 하고 작은 이벤트 회사도 다녔어요. 학습지 회사에서도 1년 반 정도 일했는데 그 경험이 나중에 사회생활을 하는 데 도움이 됐어요. 남편은 참여연대에서 일하고 있었고, 저는 소개를 받아 YMCA 시민중계실에 들어갔죠.

거기서 월급으로 40만 원을 받았어요. 학습지 회사에서 월급을 200만 원 받았으니 상대적으로 적은 액수였죠. 그런데도 월급이 적다는 생각은 들지 않았어요. 일이 너무 재밌었거든요. 내가 열심히 조사한 자료를 방송국에서 취재해 가고, 내가 한 일이 사회적으로 반향을 일으키는 걸 보면서 신이 났던 것 같아요. 엘리트교복 독점 문제를 해결하기 위해서 공정거래법 위반 사례로 고발하고, 피해자 3천 명을 모아 소송도 하고 그랬어요.

박   저는 조사관님이 지금 힘든 사람들을 돕고 세상을 바꾸어나가는 일을 하고 있다고 생각합니다. 본인이 하고 있는 일에 대해 어떻게 생각하세요?

최   남을 돕는다고 하긴 부끄러워요. 우리는 인권 활동가

처럼 앞에 서서 자신을 희생하는 사람들이 아니거든요. 공무원이라는 보장된 환경에서 좋은 대우를 받으며 좋은 일을 하는 것뿐이죠. 고마운 직장이라고 생각해요. 일이 힘들고, 개인적인 시간이 좀 더 많으면 좋겠지만 그건 개인적인 바람일 뿐 직장 자체로서는 정말 좋은 곳입니다. 좋은 동료와 간부도 많고요. 무엇보다 인권에 대해 배울 수 있어 좋아요. 저는 여기는 돈 내고 다녀야 하는 직장이라고 농담도 해요. 그래서 누군가 제게 힘들겠다거나 고생한다고 말하면 미안한 마음이 듭니다.

하나 더 말하자면 제가 초등학교 때 3년 정도 탁구를 쳤는데, 스핀을 넣은 공을 치면 스핀을 넣은 공이 돌아오고 속공을 치면 속공이 돌아와요. 사람 관계도 마찬가지라는 걸 배웠습니다. 그걸 깨달으니 진정인들과 어느 정도 심리적 거리를 두면서 일할 수 있었어요.

인권 조사 업무라고 하면 고문 피해자를 구하거나 막강한 권력에 의한 인권 침해 조사 같은 거대한 사건만 떠올리실 수 있는데, 사실 우리가 다루는 사건은 남이 보기에 대수롭지 않을 수 있지만 본인에게는 절실한 일이 대부분입니다. 별것 아닌 민원 처리만 하는 것 같아 괴로울 때도 있지만, 언뜻 그런 사소해 보이는 일 안에서 차별을 예방할 수 있는 중요한 열쇠를 발견하는 것도 사실이에요. 거기서 의미를 길어올리는 것이 중요한데 그런 감각을 계속 유지하기가 쉽지는 않아요.

박　　지금까지 만난 진정인 가운데 가장 기억에 남거나 인상적인 진정인이 있을까요?

최　　기억에 남는 진정인은 아주 많아요. 왜 그들이 기억에 남았나 생각해보면 그들이 남긴 한마디가 제 가슴에 사무쳤기 때문인 것 같아요. 예를 들어 오래전에 새터민 출신 여성이 성폭력을 당해 검찰에서 조사를 받고 나오자마자 자해를 했어요. 조사받은 시간은 몇 분 정도로 아주 짧았는데 말이에요. 그런 경우 증거가 없어서 조사가 쉽지 않아요.

그런데 그분이 저에게 이런 말을 하셨어요. "북한에서도 나에게 이러진 않았다." 그 말이 가슴을 파고들더군요. 결국 조사해서 그분이 어떤 일을 당했고 왜 자해를 했는지 밝혀냈어요. 저간의 사정은 복잡했지만 결국 진실은 밝혀졌고, 그 과정에서 저 역시 간단해 보이는 사건도 절대 간단하지 않다는 점을 배웠습니다. 사건의 전모를 알아낼 수 있었던 건 피해자의 그 말 한마디 때문이었죠.

박　　인권이 이슈가 되는 경우 가운데 하나는 범죄자 인권 문제가 논쟁의 중심에 놓일 때인 것 같습니다. 예를 들어 지하철 역무원 스토킹 살인사건의 범인이 자신의 증명사진을 '포토샵'해서 제출해 국민의 공분을 샀는데요. 조사관님도 그런 문제로 갈등을 겪으신 적이 있나요? 조사관으로서 그 문제에 대해 어떤 의견을 가지고 계시나요?

최 언론에 나오는 (어린이 성폭력범처럼) 극악한 범죄자들은 얼굴 공개를 하지 않아 논란이 되는 경우가 많아요. 그런 놈들에게 왜 국선 변호인을 대주냐는 비난도 쏟아지고요. 하지만 범인 얼굴 공개는 범죄 예방에 전혀 도움이 되지 않아요. 그저 정서적인 돌팔매 같은 행동일 뿐입니다. 사건의 본질은 누구나 그런 잔인한 범죄에 노출될 수 있다는 것인데, 범인 얼굴 공개는 이 본질을 흐릴 가능성이 커요.

두 번째로 가해자의 얼굴을 공개할 경우 가족이나 친구, 지인, 자식들은 어떻게 해야 하나 하는 문제가 있어요. 그런 일이 발생하면 그들은 어떻게 생활할 수 있을까요?

마지막으로 우리가 범죄자를 감옥에 가두는 이유는 그들을 교정해서 다시 사회로 복귀시키기 위함인데, 얼굴을 공개해버리면 사회로 돌아올 길이 완전히 막힐 수도 있어요. 물론 흉악범이 사회로 돌아오는 건 막아야 한다고 생각할 수도 있지만, 흉악범의 정의는 어떻게 내릴 수 있을까요? 사람 한 명을 죽이는 건 흉악범이 아니고 두 명부터 흉악범일까요? 그것은 굉장히 쉽지 않은 문제입니다.

범죄자의 인권을 보호하는 조치는 그만큼 평범한 사람들의 인권을 더 보장하고 보호한다는 의미로 해석해야 합니다. 범죄자가 보호받는 건 그야말로 최소한의 인권입니다. 예를 들어 범죄자에게 수갑을 채울 수는 있지만 조이면 안 된다, 감옥에 가둘 수는 있지만 아프면 치료를 해줘야 한다, 같은 기준을 마련하는 것이죠. 그 차이를 이해해주셨으면 합니다.

박 다양한 사람을 만나 진실과 거짓 여부를 판명하는 일을 오랫동안 해오셨는데, 그런 내공으로 사적인 자리에서 처음 보는 사람이 거짓말을 하고 있다는 감이 온 적이 있나요?

최 일할 때 제 판단이 맞은 적도 많지만 틀릴 때는 아주 크게 틀리기 때문에 편견을 갖지 않으려고 조심합니다. 저는 전화 상담을 많이 하는데, 사용하는 언어나 말투, 톤으로 막연히 진정인을 상상했다가 실제로 만났을 때 놀란 적도 많아요.(웃음) 그리고 사적인 자리에서는 가능한 한 사람을 판단하지 않으려고 노력합니다. 시시비비가 얽힌 일을 계속 조사하다 보니 제 인생은 조금 손해 보며 살아도 괜찮다고 생각하게 됐습니다.

박 이야기를 들어주는 것이 조사의 대부분이고 그것만으로도 피해자에게 도움이 된다고 하셨는데, 조사관님이 생각하는 경청의 기술은 무엇일까요?

최 조사관은 목적을 가지고 진정인의 이야기를 들어요. 이 사람이 왜 우리 위원회에 왔고, 어떤 문제가 있는지, 또 어떻게 도움을 줄 수 있는지 생각하면서 듣기 때문에 일반적인 경청과 달라요. 무작정 듣는 건 도움이 안 돼서 초반에는 질문을 많이 했어요. 그러다 경험이 쌓이면서 이제는 먼저 진정인의 이야기를 듣고 내가 원하는 질문에 답을 하도록 유도하는 편이에요. 결국 모든 진실을 가장 잘 아는 사람은 당사자니까요.

박 제가 인권에 대해 본격적으로 생각하게 된 건 『어떤 호소의 말들』을 읽고 나서입니다. 부끄러운 말이지만 그 전까진 인권에 대해 잘 모르고 있었고, 사실 지금도 잘 모르기는 마찬가지예요. 저 같은 사람이 많을 것 같은데, 인권의 기본을 알거나 공부하고 싶어하는 사람들에게 어떤 책이나 자료를 추천해주시겠어요?

최 책이나 자료를 통해 공부할 수도 있겠지만, 그보다는 근본적으로 사람에 대한 이해가 필요하다고 생각해요. 작가님이 『소설의 쓸모』에 쓰신 것처럼 소설을 비롯한 다양한 문학작품을 읽으며 인간의 고통, 불행, 행복을 이해하는 것도 인권을 알아가는 좋은 방법이라고 생각합니다. 법전을 외우는 건 인권 공부가 아니에요. 글로 인권을 배우는 것은 별 의미가 없고 삶에서 인권을 배우는 게 중요합니다.

굳이 책을 추천하자면 수전 손택의 『타인의 고통』을 들고 싶어요. 이 책은 연민에 대해 말하는데, 내 행복이 타인의 고통과 연결된 점을 자각하라는 메시지가 인상적이에요. 단순한 감정적 연민을 넘어선다는 것의 의미를 요즘 자주 생각하고 있습니다. 노벨문학상을 받은 올가 토카르추크의 『태고의 시간들』도 추천하고 싶어요. 연민에 대한 또 다른 통찰을 볼 수 있습니다. 올가는 연민이 천사의 감정이라고 했는데 그런 시각도 무척 좋았습니다.

박   첫 책이 큰 반향을 일으켰는데, 두 번째는 어떤 책을 쓰고 싶으신가요?

최   개인적으로 평소 글쓰기를 즐기는 편이에요. 첫 책도 작가가 되고 싶다는 생각이 있어서 쓴 건 아니에요. 재미있는 시간을 보내고 싶어서 편성준, 윤혜자 작가 부부가 운영하는 '소행성 책쓰기 워크숍'에 갔고, 거기서 숙제를 내주셔서 열심히 쓰다 보니 책이 나왔어요. 지금은 좀 더 생각을 익혀서 책을 써야겠다 정도의 그림만 있을 뿐, 특별히 어떤 책을 써야겠다는 계획은 아직 없습니다.

박   첫 책을 냈을 때가 가장 좋을 수도 있겠다는 생각이 들어요. 한번 책을 내고 이어서 책을 쓰기 시작하면 글 쓰는 기쁨이 사라질 수도 있으니까요. 지금까지와 완전히 다른 인생을 살 수 있다면 어떻게 사시겠어요?

최   초등학교 2학년 때인가 3학년 때 『알프스 소녀 하이디』를 읽고 독후감을 썼는데 그때 크게 칭찬을 받았고 원고가 복도에 전시되기도 했어요. 기분이 정말 좋았죠. 그 무렵 동요대회도 열려서 담임 선생님 추천으로 예선에 나갔는데 첫 소절을 부르자마자 땡! 하고 탈락했어요. 그래서 지금 글은 써도 노래는 못하게 되지 않았나 싶어요.(웃음) 완전히 다른 인생을 살 수 있다면 예쁜 드레스를 입고 노래를 부르는 재즈 가수가 되고 싶어요.

박   은퇴 이후에 특별한 계획이 있으세요?

최   은퇴하면 조사관 친구들과 행정 감시 NGO를 만들어서 활동하고 싶어요. 좀 촌스럽긴 해도 이름도 미리 정해뒀어요. '정의구현 행정단'입니다! 행정적인 착오나 잘못을 바로잡아 시민의 불편을 해소하고 문제를 해결하는 정책적 도움을 주고 싶어요. 청년들이 일자리를 찾도록 도와주고, 봉사하고, 산에 가고, 책 읽고… 그렇게 살고 싶어요. 전 크게 바라는 게 없어요. 이미 아주 많이 가졌고, 진짜 운이 좋은 사람이라고 생각합니다.

새터민 출신 여성이
성폭력을 당해 검찰에서 조사를 받고
나오자마자 자해를 했어요.
"북한에서도 나에게 이러진 않았다."
그 말이 가슴을 파고들더군요.
사건의 전모를 알아낼 수 있었던 건
피해자의 그 말 한마디 때문이었죠.

정수경

즐거운도시연구소장. 사람과 사람이 만나는 서점, 경원동샵(#)을 운영하고 있다. 지역민들의 즐거운 삶을 위해 필요한 정책, 공간, 프로그램 등을 계획하고 실행하여 지역 내 서포트 네트워크를 만들어가고 있다.

로컬에서 찾은 답

도시 연구가 **정수경**

Interview

 기차를 타고 전주에 있는 '즐거운도시연구소'를 찾아갔습니다. 화이트 톤의 깔끔하고 세련된 건물 2층에 올라가자, 목까지 내려오는 검은 단발머리에 화장기 없는 맑은 얼굴의 정수경 소장이 진지해 보이는 눈동자를 빛내며 저를 맞이해주었습니다. 정수경 소장과 인연을 맺은 것은 사실 북토크 덕분이었습니다. 그가 운영하는 즐거운도시연구소에서 제가 쓴 청소년 소설 『오늘도 조이풀하게!』의 북토크를 제안해주어 전주로 내려간 것이 첫 만남이었습니다.

 북토크가 끝난 후 정수경 소장을 따라 몇 시간에 걸쳐 전주 맛집 투어를 다녔어요. 정말이지 잊을 수 없을 정도로 맛있는 음식들이 끊임없이 나왔고, 우리가 나눈 대화 또한 그에 못지않게 흥미진진했습니다. 무엇보다 모두가 서울을 바라보는 현 시점에 고향인 전주에 대한 단단한 애정을 토대로 다양한 문화와 공간을 주제로 한 로컬 프로젝트를 꾸려가는 그의 모습이 무척 독특하고 색달라 보였습니다. 그 인상적인 모습이 잊히지 않았고, 무엇보다 지방을 살릴 수 있는 로컬 프로젝트로는 어떤 것이 있는지 알고 싶었습니다. 그래서 정식으로 인터뷰를 요청한 뒤 다시 전주행 기차에 몸을 실었습니다.

정수경 소장은 도시계획과 전주 사랑, 그리고 로컬 프로젝트에 관한 이야기를 시종일관 차분한 목소리로 들려줬습니다. 거대 도시 서울이 한국의 모든 인구를 빨아들이는 것처럼 보이는 요즘, 지방 소멸이란 화두에 대항해 이토록 성실하고 치열하게 로컬 프로젝트를 수행하고 있는 청년의 목소리를 듣는다는 건 정신적으로나 지적으로나 무척 고무되는 경험이었습니다. 그의 이야기가 고향을 지키고 살리고 싶어하는 이들에게 영감을 줄 수 있다면 매우 기쁠 것 같습니다.

박   자칭 타칭 전주 덕후로 알려져 있는데요. 본인의 덕후 기질에 대해 간단하게 들려주시겠어요? 어린 시절부터 이런 덕후 기질이 있었다는 이야기도 좋고, 성인이 된 후의 덕질에 대해 말해주셔도 좋습니다.

정   중학교 다닐 때 역사에 관심이 많아 역사 다큐 피디가 되고 싶었습니다. 그때부터 역사 관련 자료를 수집하고, 정종과 세종에 관한 책도 아주 많이 모았어요. 초중고 시절엔 좋아하는 과목만 집중적으로 공부하는 스타일이었는데 그중에서도 역사를 좋아한 거죠. 제가 또 H.O.T. 막내 세대로 팬질도 열심히 했습니다. 한 개인으로 좋아하는 것과 팬 커뮤니티에서 활동하는 것, 직접 그 커뮤니티를 운영하는 것은 완전히 다른 차원이라고 생각하는데 저는 그 세 가지를 골고루 다 경험했어요. 한번은 H.O.T. 콘서트를 보러 엄마 몰래 서울에 갔다 혼이 난 적도 있습니다.

저는 뭔가를 한번 좋아하면 단순히 좋아하는 데서 끝나지 않고 적극적으로 몰입하는 스타일이에요. 한때는 친구들의 영향을 받아 만화책을 사 모으기도 했어요. 특정 장르에 얽매이지 않고 그때그때 마음에 드는 만화책을 샀습니다. 『슬램덩크』 완전판을 다 모은 적도 있는데, 오빠가 정말 좋아했어요. 한번은 제가 사 모은 순정만화를 몇 권 가져간 사촌에게 돌려달라고 했다 엄마한테 혼나기도 했어요. 책 한 권 한 권이 소중한 덕후의 마음을 엄마가 몰라주신 거죠.

박 전주 사랑이 시작된 건 대략 언제부터인가요?

정 전주가 고향인데 어릴 때는 전주를 좋아한다는 자각이 없었어요. 그렇다고 서울 가서 살아야겠다는 생각도 해본 적이 없고요. 늘 제가 태어나고 자란 전주에서 사는 게 당연하다고 여겼어요. 사람들은 대개 유학을 다녀오면 서울이나 세종으로 갈 거라 생각하지만, 저는 전주로 빨리 돌아와 자리를 잡고 싶었어요. 그래서 박사학위를 받은 날 아침 비행기를 타고 바로 전주로 돌아가겠다고 지도교수님께 말씀드렸더니 교수님이 충격을 받으셨어요. 일본 생활이 그렇게 재미없었냐고 묻기도 하셨죠.

박 소장님의 교육적 배경이 지금 진행하고 있는 도시 연구와 아주 긴밀하게 맞물려 있다는 생각이 들어요. 소장님이 대학교와 대학원에서 어떤 공부를 했고, 언제 일본에 유학 갔고, 거기서 어떤 영향을 받았는지 자세하게 듣고 싶습니다.

정 저는 대학교와 대학원을 전주에서 나왔습니다. 전북대 건축도시공학부에 입학했고, 석사는 도시공학과를 갔어요. 특별한 이유가 있었던 건 아니고 그냥 성적에 맞춰서 갔어요. 대학교 때 교수님이 이런 이야기를 들려주셨어요. 저의 대학 동기들이 어렸을 때 〈러브 하우스〉라고 사람들이 사는 집을 근사하게 고쳐주는 TV 프로그램이 있었는데 그걸 보고 건축에 대한 환상을 가져 건축과를 선택하는 경우가 많았대요. 아무것도 모르는 아이들이 그 프로그램을 보고 건축가가 멋있다고 생각한 거죠.

박 정말 흥미로운 이야기군요. 듣고 보니 TV 프로그램 하나가 여러 사람의 인생에 큰 영향을 미친 것 같습니다. 그렇다면 석사를 같은 전공으로 한 이유는 따로 있을까요?

정   과를 정해야 하는 대학교 2학년 때 도시공학과를 선택했어요. 제 석사 지도교수님이 1학년 때 도시학개론을 강의하셨는데 그게 너무 재밌었거든요. 건축보다 도시공학이 더 재미있을 것 같아 들어갔어요. 조금 단순한 이유였죠. 당시 주된 강의 내용이 도시계획의 역사였기 때문에 더 재밌었습니다. 하지만 막상 들어가보니 도시계획의 역사 말고도 공부할 게 어마어마하게 많았습니다.

박   공부하다 실망하신 적은 없나요?
정   전 성격상 한번 선택하면 끝까지 해야 하는 스타일이에요. 그리고 저와 같은 과를 전공한 사람들은 대체로 나중에 사회인이 되어서도 전공 관련 일을 하는 분위기였고요. 그러다 보니 아주 자연스럽게 이 커리어를 선택하게 된 것 같습니다. 도시 정책을 설계하고 기획하는 일이니까 직업도 그런 쪽으로 갖게 되고, 설사 공무원이 되더라도 나중에 전공이 알려져서 다시 그쪽 일을 맡기도 하더라고요.

박   박사 과정을 일본에서 밟으신 이유가 있을까요?
정   도시공학을 전공으로 선택한 이유 중 하나가 일본 유학이었습니다. 학과 교수님이 문부성 장학금으로 선배 한 명을 일본에 유학 보낸 이야기를 들려주셨는데 그 말을 들으니 저도 도전해보고 싶더라고요. 그래서 그 교수님을 따라 연구하게 됐습니다. 처음부터 적극적으로 치밀하게 계획을 짜서 한 건 아니었지만, 공부하다 지칠 때면 처음에 품었던 동기를 떠올리며 지속할 수 있었죠.

박 　　문부성 장학금을 받기가 쉽지 않은 것 같던데요?
정 　　문부성 장학금을 받을 수 있는 경로가 몇 가지 있는데, 저는 한국에서 시험을 봐서 선발하는 전형이 아니라 일본 학교가 자국 대사관에 학생을 추천하는 전형을 통해 유학을 갔습니다. 박사 과정에서 진행할 연구에 대한 계획을 제출한 후 일본 대학교의 선택을 받은 거죠. 한국에서 문부성 장학생에 선정되려면 치열한 경쟁을 거쳐야 하는데, 저는 이 전형 덕분에 비교적 쉽게 선정되었어요. 제가 간 학교는 니혼대학인데 가보니 현장 연구에 진심인 학생들이 많았어요. 덕분에 현장을 바라보는 진지한 태도를 배울 수 있었습니다.

박 　　유학 생활은 어떠셨나요?
정 　　연구생 1년, 박사 과정 4년 해서 총 5년을 공부했어요. 연구생일 때는 일본 생활에 적응하기가 쉽지 않았어요.

일본어도 서툴렀고 학교도 나가야 할 때만 나갔거든요.

1년 정도 지났을 즈음 동일본대지진이 일어났습니다. 당시 박사 과정에 들어갔다가 지진 때문에 유학을 그만둔 사람들이 꽤 있었습니다. 그때 잠시 한국에 들어왔는데 친척이나 친구들 모두 일본으로 돌아가지 말라고 하더군요. 결국 수많은 전화로부터 도망치듯 일본으로 돌아왔습니다.

박 지진이 일어났을 때 많이 놀라셨을 텐데요. 그때 어떤 생각이 들었나요?

정 일본의 방재 시스템에 대해서는 익히 들어왔지만 직접 겪어보니 느낌이 다르더라고요. 재난 상황에 대처하는 일본인의 모습은 그야말로 남달랐어요. 길을 갈 때도, 대피할 때도 질서정연한 모습이었죠. 길에서 처음 만난 한 도쿄 시민은 제가 외국인인 걸 알고는 재난 키트를 가지고 있느냐고 묻더니 없다고 하자 편의점에서 사주더라고요.

그 와중에 학교에 갔더니 교수님이 다시 집으로 가라고 하시는 거예요. 학교 건물이 오래되어 내진 설계가 되어 있지 않았거든요. 이를 보완하기 위해 지하에 큰 물탱크를 설치하고, 물탱크와 건물의 주요 기둥들을 스프링으로 연결해 지진이 나면 건물이 오뚝이처럼 좌우로 흔들리게 해놓았는데 그래서 더 무서울 수 있다고 하시면서요.

지하철 운행이 멈춰 자거나 대피할 곳을 찾아 꼬박 6, 7시간을 걸어온 사람들을 위해 주위 건물들도 개방됐습니다. 밤새 집까지 걸어가야 할 사람들을 위해서는 근처 상가 상인들이 밥을 내주었고요. 그런 모습을 보면서 일본 사람들은 재난 대비 체계가 정말 철저하구나, 이들을 통해 위기 대처 방식을 제대로 배울 수 있겠구나, 라는 생각이 들었어요.

박 박사 과정을 끝내고 전주로 돌아온 이유가 '사랑하는 전주를 지키고 싶어서'인 것으로 알고 있는데요. 전주로 돌아와서 한 일들에 대해 들려주시면 좋겠습니다.

정 유학 가기 전에는 교수가 되는 것이 목표였어요. 지도 교수님이 전북대를 나온 일본 유학파셨거든요. 그분을 일종의 롤 모델로 삼았습니다. 그런데 유학을 하며 직업이 아닌 방향을 생각하게 되었어요. 앞으로 계속 도시계획 분야의 일을 할 텐데 '나는 어떤 공간, 어떤 마을을 만들고 싶어하는 걸까?' 하는 근본적인 질문을 하게 된 거예요. 이 중요한 걸 박사 과정에 들어가서야 생각했다는 게 참 재미있죠? 그때 내린 결론이 '즐거운 공간, 웃음소리 넘치는 공간을 만들고 싶다'였습니다. 그렇게 마음을 정하니 교수직에 대한 미련이 사라졌습니다. 내가 하고 싶은 일을 하자! 그래서 회사 이름도 즐거운도시연구소로 지었습니다.

2년 정도는 프리랜서로 일했어요. 그때 했던 활동 가운데 하나가 게릴라 가드닝입니다. 제가 전주에서도 특별히 아끼는 곳이 원도심이에요. 원도심에 조선시대 때 생겨 지금까지 남아 있는 골목길이 있는데, 그곳을 주차장으로 만들기 위해 어느 순간 골목길에 면한 건축물들을 밀어버렸어요. 그 결과 덜렁 펜스만 존재하면서 더 이상 골목길의 위요감(벽이나 나무로 둘러싸여 생기는 아늑한 느낌)을 느낄 수 없게 되었죠. 전 그 펜스에 위요감을 만들고 싶었고, 그래서 떠올린 것이 가드닝이었어요. 아는 분들에게 이메일을 보내 같이 게릴라 가드닝을 하자고 했어요. 이메일을 받은 선후배님들이 흙, 화분, 꽃 등을 주셨고, 새벽에 나와 설치하는 것도 도와주셨죠.

 주인의 허락을 받아, 지역 예술가와 함께 빈 건물이나 담벼락에 북극곰을 그리는 프로젝트도 진행했습니다. 그때는 제가 환경 운동에 열중하던 시기였거든요. 까맣게 잊고 있다가 그곳을 다녀간 사람들이 사진을 찍어 SNS에 올린 덕에 다시 기억이 났습니다. 그 그림들이 생각지도 못했던 관광 효과를 낳은 셈입니다.

 유학을 다녀온 후 일본에서 어떤 공부를 했는지 묻는 지역 주민들도 많았어요. 그렇게 만나게 된 분들 덕분에 새벽 5시 국밥 먹는 모임, 지역 역사 프로젝트 모임 등 여러 모임의 객원으로 초청받아 활동하기도 했습니다. 기존의 지인 네트워크가 큰 힘을 발휘했는데 이건 제가 전주 출신이라 가능했던 것 같아요. 전주에 대학교도 여러 개 있고, 공부하고 싶은 욕구가 큰 사람들이 많다는 점도 도움이 됐죠.

그러다 부산 출신인 제 친구가 직장인 국민연금공단이 이전하면서 아무 연고도 없는 전주에 왔는데, 친구 말이 전주란 도시가 너무 재미없고 갈 만한 모임도 없다는 거예요. 결국 그 친구는 전주를 떠났어요. 나는 전주가 재미있는데 내 친구는 재미없어한 이유가 뭘까? 물론 아는 사람들이 있고 없고의 차이가 크겠지만, 그보다는 전주란 도시에 대한 정보의 격차가 더 큰 원인이 아닐까? 그렇다면 전주가 재미있어지도록 심심한 사람들과 기획하는 사람들을 연결해보면 어떨까? 이 고민이 프로젝트의 시작이었어요.

그러다 원도심에 있는 사람들만 연결해도 학교를 만들 수 있겠다는 생각이 들었고, 원도심을 기반으로 9도심 캠퍼스 프로젝트를 진행하게 됐어요. 다양한 재능 보유자를 모으고 그들의 재능을 블렌딩해 학교를 만들어 운영하면 좋겠다는 취지에서 시작한 거죠.

전주 원도심 전체를 캠퍼스라고 하고, 저희는 그 안에서 열리는 원데이클래스, 강연 등을 모아 홍보하는 시간표를 만들었어요. 당시는 코로나 시절이라 모집 수강생 수가 적고 강의도 몇 개 안 돼서 진행하기가 쉬웠어요. 그런데 수업 회차와 수강생 수가 늘어나면서 역량의 한계를 느꼈어요. 직접 운영하는 공간이 있고 그걸 채울 콘텐츠가 있어야 우리가 바라는 프로그램을 실행할 수 있겠더라고요. 그래서 9도심 캠퍼스 프로젝트를 잠시 중단하고, 이 건물에서 경원동샵(#)을 운영하게 되었습니다. 여기서 서점도 운영하면서 작가들이 겪는 문제를 알아가고 있고요.

전주가 좋아서 진행한 또다른 프로젝트로 아카이빙 작업이 있습니다. 이렇듯 제가 하는 일의 대부분은 전주를 살려야겠다는 의식적인 생각보다는 그저 나와 내 친구들이 전주에서 재미있게 살면 좋겠다는 바람에서 시작됐습니다.

박   그때 하신 아카이빙 작업으로는 어떤 것이 있나요?
정   프리랜서 시절, 도시재생 활성화라는 법정 계획을 수립하는 팀에서 일한 적이 있습니다. 현장 인터뷰를 나가면 원도심 주민들이 그곳에 있던 시설과 가게들이 다 빠져나가는 바람에 사업이 망했다는 말을 많이 하시더라고요. 예를 들어 달라고 하니 "도청도 여기서 나갔잖아. 몰라. 아무튼 많이 나갔어." 이 정도로만 말씀하시더군요.

저는 그 프로젝트를 진행하며 받은 돈을 가지고 구체적으로 원도심에서 빠져나온 시설과 가게들을 조사하기 시작했습니다. 지번을 기준으로 조사할 건축물을 선정하고, 그 건축물이 1960년대에서 2019년까지 어떤 용도로 바뀌었는지 건축물대장, 논문, 신문, 기타 자료를 뒤지고 인터뷰해서 찾아냈어요. 원도심과 전주 관련 연구 자료를 보관하고 계신 교수님들에게 직접 받아오기도 했고요. 이 자료들로 88개의 건축물을 추적해서 데이터를 구축했습니다. 이 프로젝트가 바로 켜켜채 프로젝트예요. '켜켜채'는 '켜켜이 채우다'의 줄임말입니다.

이걸 보신 고[故] 장명수 전 전북대 총장님께서 1930년대와 1950년대 전주 지도를 가져다주시기도 했는데, 1930년대 지도는 일본에 가서 찾아오셨다고 하더군요. 이런 활동을 하면서 저는 전주가 더 좋아졌어요. 원도심의 역사를 따라가다 보니 한옥마을을 만들 때 수많은 사람이 참여했다는 사실도 알 수 있었죠. 그래서 어반태그 프로젝트를 진행했어요. 30년 전 한옥마을 형성에 참여했던 분들을 태깅하고, 그 리스트를 계속 업데이트하는 프로젝트예요. 저는 이런 연구가 정말 재미있어요.

박 전주시의 기록을 보관하고 아카이빙하는 것은 굉장히 뜻깊은 선례이니 정부와 같이 작업을 진행해도 좋을 것 같은데 어떻게 생각하세요?

정 가능하면 저희의 자본과 노력으로 진행하는 쪽을 선호해요. 그래야 저희가 생각한 방향대로 갈 수 있으니까요. 물론 어느 정도 시스템이 구축된 프로젝트는 정부와 함께 진행하기도 해요. 전주시 원도심 도시재생 현장지원센터에서 켜켜채 프로젝트를 보고 원도심에 있는 웨딩거리도 조사해달라고 의뢰해와 수행한 적이 있어요. 그리고 어반태그는 공무원도 태깅 범위에 넣어서 조사하고 있어요. 한옥마을은 관과 민이 함께 추진한 프로젝트였으니까요.

박　　　전주에서도 원도심에 특히 애정을 품으시는 특별한 이유가 있을까요?

정　　　추억과 역사성 때문인 것 같아요. 저는 초등학교 5학년 때부터 일본에 가기 전까지 원도심에서 살았고, 유학 다녀와서도 1, 2년 정도 살았어요. 아버지 직장도 여기 있고요. 어릴 때부터 이곳의 골목길을 걸어다녔고 학교도 여기서 다녔으니 애정이 쌓인 셈이죠. 신도심은 켜켜채 아카이빙을 해도 나올 자료가 별로 없지만, 원도심은 파면 팔수록 흥미로운 자료들이 나와 좋았어요.

　많은 분들이 제게 왜 현대를 아카이빙하느냐고 질문해서서 곰곰이 생각해보았어요. 아마도 지금은 "민간의 개개인이 도시를 바꿔가는 시대이기" 때문인 것 같아요. 특히 도시 인프라가 이미 가득 찬 원도심은 고정된 틀에서 사람들의 행동, 가게의 종류를 통해 모습이 바뀌어가잖아요. 조선시대 이전에는 관에서 도시 변화를 주도한 만큼 공공기록이 남아 있는 반면,

민간이 변화를 주도한 오늘날은 개인의 기록에 무심해서인지 남아 있는 기록이 상대적으로 적어요. 저는 그런 맥락에서 현대의 도시가 매력적이고 기록할 필요가 있다고 생각했어요.

박 소장님처럼 고향에 대한 애정을 가지고 그곳을 지키고 살리고 싶어하는 사람들에게 해주실 말씀이 있다면 무엇일까요?

정 비슷한 질문을 고려대학교 세종캠퍼스에서 받은 적이 있어요. 거기서 친구들이 다 서울로 가는데 그들을 조치원에 남게 할 방법이 뭐냐고 물어보더라고요. 두 가지 방법을 말해줬어요. 첫째, 네이버를 데려오면 된다. 그러면 일자리 문제가 해결되니까. 하지만 그런 회사는 우리 동네로 올 수 없다. 그렇다면 둘째, 직업 때문에 어쩔 수 없이 이곳을 떠나는 친구들을 잘 보내주고 남아 있는 친구들끼리 지역에서 나이가 다른 친구를 만들자. 사회에 나오면 나이보다는 취향과 관심사, 관점이 비슷한 사람이 친구가 될 수 있다. 예를 들어 독서 모임이나 식물 모임 아니면 이 연구소처럼 도시연구 모임 같은 걸 만들 수 있다. 저는 이렇게 대답했습니다. 이것이 지역에서 재미있게 살아가는 방법이라고 생각했기 때문입니다.

다행히 전주는 인구 규모가 작지 않아 모임의 거점이 되는 사람이나 장소들이 있어요. 다른 도시도 그런 게 있으면 좋겠어요. 없다고 하면 필요한 사람이 그런 장소를 만들거나 본인의 새로운 직업으로 삼을 수도 있어요. 저는 그게 앞으로 뜨는 유망한 직업이 될 거라고 생각해요. 모임, 커뮤니티의 거점이 되는 역할 말이에요.

요즘 지역에는 관계인구(정주하지 않지만 지역에 관계되어 자주 방문하는 인구)라는 개념이 중요한 화두가 되고 있어요. 여기서 핵심은 관계를 묶어주는 사람입니다. 자신만의 주제로 커뮤니티를 만들면 누구나 관계인구의 키맨이 될 수 있습니다. 우리 지역에는 사람이 없다고요? 인스타그램 같은 SNS가 커뮤니티를 만들고 연결해줄 수 있어요.

박　　소장님은 수익을 창출할 수 있는 프로젝트를 디자인하시는 능력이 대단한 것 같아요. 그런 능력은 어디서 나오는 걸까요?

정　　저는 그냥 공부를 열심히 하는 타입 같아요. 사실 저도 비즈니스 모델을 잘 못 만들어요. 도시계획을 베이스로 하다 보니 아무래도 수익성보다는 공공성에 더 주안점을 두거든요. 9도심 캠퍼스 같은 경우도 모든 비용과 노동을 저희가 투자해 시간표를 제작하고 배포했는데요. 선의로 진행한 일이었고 재미도 있었지만 수익에 관계된 민원이 들어오면서 생각이 달라졌어요. 그래서 이제는 수익을 창출할 수 있는 비즈니스 모델을 생각하고 있어요. 9도심 캠퍼스에서 수업을 운영하는 분들도 홍보 효과와 수익 둘 다 거두어야 하니까요. 여기에 참여했던 분들도 저희에게 제대로 플랫폼을 만들고 수수료를 받으라고 권하더라고요. 그래서 다른 지역에서는 어떤 비즈니스 모델로 어디서 수익을 얻고 있는지 사례들을 찾아보려고 노력하고 있어요. 플랫폼 비즈니스 관련해서도 실제로 운영 중인 다른 플랫폼들의 사례를 보고 연구하면서 답을 찾고 있습니다.

어반베이스캠프는 올해로 운영 7년 차에 접어들었는데 이것도 저희끼리는 성장이라고 생각합니다. 처음에는 공유 오피스 개념으로 시작했지만 중간에 방식을 바꿔 지금은 여러 사무실의 공동체 개념, 즉 사무실을 쪼개서 월세를 내는 시스템으로 운영하고 있어요. 공간 인테리어는 제가 했습니다. 지금 이 건물에 들어와 있는 회사는 세 개고, 한 곳은 개인이 쓰고 있습니다. 다들 도시 관련 일을 하는 단체입니다. 저희는 처음부터 같은 철학을 공유하는 회사나 사람들과 함께 일을 하고 싶었어요. 그리고 한 곳은 저희랑 결이 비슷한 사람들이 단기로 공간을 사용할 수 있도록 일부러 비워두었어요. 여기서는 모두 상호 교류하고 회의를 해요. 어반베이스캠프는 도시계획 연구라는 정체성이 뚜렷해 서울 등 타 지역에서 도시계획에 관련된 일을 하시는 분들도 들르곤 합니다.

박 이런 로컬 프로젝트는 다양한 구성원이 힘을 합쳐야 가능할 것 같은데 이른바 소장님만의 소셜 스킬이 있다면 무엇일까요?

정 저는 원래 개인주의자였고, 어지간한 일은 제가 다 해야 한다고 생각하는 타입이었어요. 어릴 때 박사를 따서 굉장히 성격이 뾰족하고 사람을 가리는 편이었고요. 그런데 여기 어반베이스캠프에서 함께 일하는 분들은 아주 동글동글하세요. 사람들과 같이하는 프로젝트를 좋아하시는 분들이기도 하고요. 이분들과 함께하다 어느덧 제가 동화되었죠. 처음엔 새벽 서너 시까지 일을 했는데 옆 사무실 사람들이 오후 6시에 퇴근하는 걸 보면서 서서히 사회화됐습니다. 결과적으로 어반베이스캠프 사람들 덕분에 소셜 스킬을 얻게 됐다고 생각합니다.

그리고 취향이나 관점이 비슷한 사람을 만나는 게 중요하다고 봅니다. 애초에 관점이 다른 사람은 설득할 필요가 없을 것 같아요. 성향이 다른 사람을 그룹에 억지로 끼워 넣는 것도 좋지 않다고 생각해 누구에게도 참여를 강요하지 않습니다. 그리고 제가 현재의 업무 상황과 과정을 구체적으로 공유하고 공개하는 스타일이라 그걸 보고 연락을 주시는 분들도 많습니다.

경원동샵을 운영하면서 다양한 사람들의 고민을 듣고, 해결책을 줄 수 있는 책장 주(경원동샵은 셰어형 서점으로, 각각의 책장마다 주인이 있다)를 찾아 연락도 하면서 8년 동안 둥글둥

글해지는 과정을 거쳤어요. 박사 과정을 순탄하게 마쳤다면 계속 혼자 연구하며 살았을 것 같아요. 공부를 그만두려고 했을 때 도와주신 교수님들이나 동료 덕분에 인생이 바뀐 것도 있죠.

박 어렸을 때 어떤 어른이 되고 싶었나요? 지금 그런 어른이 됐다고 생각하시나요?

정 어렸을 때는 별로 생각이 없었고 딱히 되고 싶었던 것도 없었던 것 같아요. 특별한 목표도 없고 공부를 왜 해야 하는지도 모르는 채 만화책만 보고 살았죠. 그러다 어느 순간 원하는 목표가 생겼을 때 그걸 쪼개서 성취하는 방법을 책으로 배우게 됐어요. 한동안 자기계발서를 30권 정도 읽었는데, 그 책들의 공통점은 목표를 세웠다면 그것을 세세하게 쪼개서 실행하라는 것이었어요. 제가 박사 과정에서 미끄러졌을 때라 그 내용이 더 인상 깊었던 것 같아요. 그래서 박사 논문을 쪼개 쓰기 시작했고 결국 다 쓸 수 있었어요. 해낸 거죠. 그 후로 뭔가 하고 싶은 게 생기면 먼저 시간을 쪼개서 이뤄내야겠다고 생각하게 됐습니다.

박 시간 단위는 어떻게 잡았나요?

정 도시계획을 공부해서인지 10년이나 20년으로 기준을 잡았습니다. 학교 다닐 때 신문에 나갈 자신의 부고 기사를 5줄만 써보라는 수업이 있었어요. 80세에 죽었다고 치고요. 그때 저는 도시계획을 계속한다면 남녀노소 누구에게나 즐거운 공간을 하나 정도는 설계하고 싶다, 내 장례식에는 나이와 상관 없이 나의 도움을 받은 사람들이 많이 왔으면 좋겠다, 라고 생각했어요. 한 100명 정도 도와주고 싶다, 그러려면 해마다 2명씩 50년 동안 혹은 10년에 20명은 꾸준히 도와야겠다는 계획이 세워지더라고요. 그래서 사람들을 도울 방법을 조금씩 고민하고 있습니다.

박 즐거운도시연구소 말고 앞으로 추진하고 싶은 프로젝트나 이루고 싶은 꿈이 있다면 뭘까요?

정 방금 말한 사람들을 돕는 행위 가운데 하나가 될 수 있을 것 같은데요. 제가 곧 40대에 접어들거든요. 40대부터는 인생학교를 운영하는 사람이 되고 싶어요. 제가 20대 후반에서야 가졌던 직업과 꿈에 관한 구체적인 고민을 전주에 사는 청년이나 청소년들과 나누고, 자기가 정말 논하고 싶은 어젠다를 만들어보는 그런 학교요. 잘할 수 있을지는 모르겠어요. 그래도 작은 것부터 시작해보려고 합니다.

나는 전주가 재미있는데
내 친구는 재미없어한 이유가 뭘까?
전주가 재미있어지도록
심심한 사람들과 기획하는 사람들을
연결해보면 어떨까?
이 고민이 프로젝트의 시작이었어요.

변재원

지체장애인, 소수자 정책 연구자. 전국장애인차별철폐연대에서 거침없고 멋진 동료들을 많이 만나 연대와 투쟁의 가치를 알게 되었다. 장애인의 존엄과 평등을 보장하는 사회를 만들기 위해 오늘도 고민한다.

나쁜 장애인

인권 활동가 **변재원**

Interview

 인권 활동가 변재원 님을 언제 어떤 계기로 알게 됐는지 정확한 기억은 나지 않습니다. 어느 날 누군가 페이스북에 공유한 재원 님의 포스팅을 우연히 보고 그 글의 명료함과 아름다움에 반했고, 이어서 이런 글을 쓰는 사람은 누구인지 또 어떤 사람인지 궁금해져 제가 먼저 친구 신청을 했을 겁니다. 그렇게 해서 장애인 인권 활동가이자 지성이 번득이는 젊은 학자이며, 재기 넘치는 문필가이자 지적이고 배려심 깊고 유머 감각이 풍부한 매력적인 사람 변재원 님을 알게 됐습니다.

 그 후로 꽤 오랫동안 저는 그의 글을 보며 웃고 울기도 하고 감동하기도 하고 화를 내기도 했습니다. 그는 지금껏 한 사람이 인생에서 겪을 수 있는 무수한 경험과 고통과 사건 속에 놓여 있었던 것 같았습니다. 그의 인생 경로를 무척 흥미롭게 바라보던 중, 어느새 벨기에로 건너가 석사 과정을 밟기 시작한 그를 보고 저는 신선한 충격과 크나큰 영감을 받았습니다. 비장애인도 가기 힘들었을 유럽 유학이라는 원대한 여정을 떠난 그가 다시 궁금해졌습니다.

이 인터뷰 시리즈의 취지는 자기만의 길을 걸으면서 스스로 직업을 만들어낸 사람들을 찾아가 그들이 살아온 이야기를 듣는 겁니다. 그런 면에서 마지막을 변재원 님의 이야기로 마무리한다는 건 말 그대로 화룡점정이 아닐까 싶습니다.

박 어렸을 때 겪은 의료사고로 장애가 생겼다고 알고 있습니다. 어떤 사고였고, 그로 인해 어떤 장애가 생겼는지 말씀해주실 수 있나요?

변 제가 생후 100일쯤 되었을 때 의료사고가 났어요. 사고의 정식 명칭은 척수공동증이에요. 요즘 젊은 부부들은 잘 아실 텐데 딤플이라고 아이들 엉덩이 쪽에 오목하게 팬 부분이 있어요. 거기로 바이러스가 들어가면 척수마비가 일어나는데, 딤플이 생기는 원인에 대해서는 확실하게 밝혀진 바가 없어요. 당시 그 사고로 인해 열렸던 의료 재판에서 제 가족이 인정받은 부분만 건조하게 말하면 이래요. 그때 제가 고열이 심해 예방접종을 하면 안 되는 상황이었는데 의사가 아이들이야 열이 났다가도 금방 내리니까 그냥 접종합시다, 라고 해서 결국 접종했다고 해요. 그게 제 척수신경에 영향을 미친 거죠.

그 접종이 딤플에 직접적으로 영향을 미쳤는지 여부는 판사도 몰라요. 아무도 모르죠. 의사가 접종해서는 안 되는 상황에서 강행했다는 부분에 대해서만 일부 과실이 인정된 게 제 의료 재판의 핵심입니다. 결론은 그것 때문에 척수공동증, 쉽게 말하면 척수에 뚫린 구멍으로 바이러스가 들어갔고, 그때부터 척추측만과 왼쪽 다리 마비가 왔습니다.

박 말씀을 들으니 재원 님이 쓰신 책 『장애시민 불복종』이 떠오르네요. 거기서 재원 님이 교통사고를 당한 후 몇 년 동안 극심한 통증에 시달렸는데 원인을 모른 채 고생하다 나중에 여러 경로를 통해 알고 보니 결국 척수공동증 때문이었다고 했잖아요. 어렸을 때 앓았던 병과 관계가 있었던 건가요?

변 네. 그렇습니다. 의료사회학자들은 이것을 진단 오디세이라고 불러요. 박산호 선생님도 그런 경험을 하셨을 수도 있는데요. 내가 몸이 어디가 아픈데 정확한 병명을 모르는 거예요. 그래서 여러 병원을 찾아다니는 걸 한국에선 좀 부정적인 의미로 병원 쇼핑이라고 하는데, 같은 현상을 서사적으로 보는 입장에서는 진단 오디세이라고 불러요. 환자로서는 그게 굉장히 길고 힘든 여정이니까요. 그때 어느 병원에 가야 할지 몰라 한의원, 신경외과, 정형외과 등을 다 가봤는데도 원인을 못 찾다가 마지막에 간 재활의학과에서 알게 됐어요. 어렸을 때 생긴 척수의 구멍에 압착이 생겨 심한 통증이 있는 것 같다고 말씀하시더라고요. 쉽게 말하면 그 속에 있는 신경들이 꼬였던 거죠. 여기서 또 문제는 그게 교통사고 때문에 생긴 건지, 아니면 제가 나이 들어가면서 생긴 건지 모른다는 거예요. 결론은 한 살 때 없어졌다고 생각했던 병이 20대 중반에 다시 나타났다는 겁니다.

박 그랬군요. 재원 님은 그동안 SNS를 비롯한 여러 채널에서 본인과 가족의 이야기를 솔직하게 들려주셨는데, 그중에서도 가정폭력을 당하셨다는 이야기가 참 마음 아팠어요. 재원 님의 어머니가 폭력을 행사한 당사자이지만 어머니에게 그런 면만 있는 건 아니잖아요. 저는 같은 여자로서 어머니의 이야기도 참 슬펐습니다. 괜찮으시다면 어머니 이야기를 들려주실 수 있을까요?

변 저는 가정폭력의 피해자가 맞습니다. 저의 주민등록등본을 떼어보면 일곱 번의 개명 이력이 나와 있어요. 그게 다 엄마가 주도한 일이었어요. 무속인 말만 듣고 이사도 무척 많이 다녔고요. 왜 무속이나 민간 신앙을 심각한 수준으로 믿는 사람들이 있잖아요. 우리는 과학적으로만 사고하려다 보니 그런 건 다 가짜고 사이비라고 하지만, 당사자들은 정말 진지하고, 그것이 그들의 세계관이에요.

엄마가 왜 그렇게까지 무속 신앙에 매달렸을까 생각해봤어요. 엄마가 스물일곱 살쯤 낳은 아들이 갑자기 의료사고를 당한 거예요. 사고 원인도 정확히 알 수 없었고, 사는 곳이 제주도라서 의료 지원도 제대로 받지 못했죠. 거기다 당시 제주도에서는 성차별이 심했어요. 엄마는 공부도 무척 잘하고 아름다운 재원이었는데 재능을 제대로 살리지 못했죠.

어쨌든 그런 환경에서 엄마는 공부를 하고 싶어하셨어요. 아이는 장애인이 된 상황에 제주대학교를 졸업하고 제주도에 있는 대학원에 갔으니 시부모가 얼마나 싫어했겠어요. 남편이 돈 벌어오면 쟤는 대학원 가서 놀고 자빠졌다, 이런 소리를 숱하게 들었겠죠.

박   당연히 그랬을 것 같아요. 상상이 됩니다.
변   그렇게 시부모에게 시달리고, 대학원에서 지도교수에게 갑질을 당하고⋯. 지금 생각해보면 엄마가 기댈 수 있는 게 뭐가 있었을까 싶더라고요.

처음엔 아마 호기심에 철학관을 갔겠죠. 그곳이 엄마를 유일하게 지지해주는 동시에 명쾌한 해답을 주는 곳이 아니었을까 싶어요. 이런저런 식으로 하면 너의 상황이 나아질 거야, 라고 일러줬겠죠. 그런 것과 더불어 어머니의 우울증이 심해지면서 나쁜 쪽으로 시너지가 난 거죠. 사실 엄마가 받아야 할 건 심리상담이고 가야 할 곳은 병원이었는데 그 역할을 철학관이 대체한 거예요. 또 가는 철학관마다 다른 답을 주니까 개명을 하라고 하면 하고, 또 다른 이름으로 하라고 하면 하고… 그러다 보니 제가 순식간에 일곱 번이나 개명을 한 거죠. 개명은 하나의 일화일 뿐 그 과정에서 엄마가 받는 엄청난 스트레스와 짜증이 다 저를 향했고, 그게 심해지니 손찌검으로 발전했던 겁니다. 그리고 잦은 이사로 인한 환경 변화에 제가 도저히 적응을 못해서 학교를 그만두는 바람에 공교육을 못 받은 시기도 있었어요.

박 재원 님을 인터뷰하면서 사실 속으로 놀라고 있어요. 제가 직업상 명석한 달변가, 전문가 들을 무척 많이 만났는데 재원 님의 이야기를 듣다 보니 절로 감탄이 나와요. 재원 님은 굉장히 과학적으로 사고하면서도 그걸 친절하고 쉽게 풀어서 이야기하는 재능이 있어요. 청자 친화적이라고 할까요. 가능하면 재원 님을 정치가로 만들고 싶네요.(웃음)

변 감사합니다. 하지만 저는 일단 해외에서 열심히 살아보겠습니다.(웃음)

박 어머니 얘기는 다시 들어도 역시 마음이 아파요. 지금은 어른의 시선으로 당시 어머니의 상황을 헤아리고 있지만 그럼에도 가정폭력의 피해자잖아요. 지금은 어머니에 대한 마음이 어떠세요? 어머니가 많이 편찮으시다고 들었는데 어머니와 화해하는 과정에 있다고 봐도 될까요?

변 그게 저에게는 너무 어려운 문제예요. 저는 화해하고 싶어요. 엄마가 앞으로 몇 개월이나 더 사실지도 모르겠고, 그래서 화해하고 싶은 마음이 있어요. 그런데 엄마가 두 가지 병을 앓고 있어요. 암 환자이기도 하지만 여전히 조울증을 앓고 있어요. 그런데 조울증 환자와 1 대 1로 이해할 수 있는 대화를 하기란 굉장히 힘들어요. 예를 들어 엄마는 피해망상이나 피해의식이 커서 제가 A라고 얘기하면 B로 받아들여요. 즉 내가 엄마를 용서할게, 라고 말한다고 쳐요. 그러면 엄마는 그걸 용서로 듣지 않고, 그럼 지금까지 날 무시했다는 거냐면서 화를 내요. 이러면 대화가 엉키잖아요. 또 서로 얼굴을 붉히게 되고요. 이건 아직까지 풀리지 않는 문제예요. 그래서 엄마와 긴 대화를 할 용기가 잘 나지 않아요.

아동 학대라고 하니까 그냥 엄마가 잔소리를 좀 많이 했나 보다, 이렇게 생각하실 수 있지만 제 몸에는 아직도 그때 생긴 흉터가 남아 있어요. 응급실도 정말 많이 갔어요. 어머니가 조울증이나 과대망상이 심해지면 부엌에 있는 식칼을 가져와서 제 몸을 긋고 그랬거든요. 10대 초반 아이가 견디기엔 너무 힘든 시간들이었죠. 제가 어렸을 때 겪은 폭력의 수위가 그 정도였습니다.

박　이제 재원 님의 마음은 괜찮아졌을까요? 어떤가요?

변　조금은 괜찮아졌어요. 이제 만 서른한 살이 됐고, 힘들었던 시간들이 그래도 잘 지나간 것 같아요.

박　이건 지금까지 나눈 이야기의 연장선에 있는 질문인데, 재원 님은 정말 특별하고도 힘든 어린 시절을 보내셨잖아요. 말씀하신 것처럼 전학을 자주 다니고 고등학교는 다니지 않았던 경험들이 현재 재원 님이 하시는 활동에 어떤 영향을 줬는지 궁금해요.

변　가장 큰 도움이라면 영원한 건 하나도 없다는 걸 배웠다는 거예요. 다른 의미로 말하자면, 언제나 새로운 걸 다시 시작해도 괜찮다고 생각하게 된 지점들이 있어요. 예를 들어 사람들은 한 장소에서 다른 장소로 옮겨가는 걸 두려워할 때가 많거든요. 그런데 저는 애초에 제 선택과 무관하게 계속 옮겨져야 했던 사람이라, 그 옮겨지고 나서의 풍경이 그다지 위험하지 않다고, 다 적응할 수 있다고 느꼈던 것 같아요.

　사실 제 커리어 자체도 아주 기이해요. 구글에서도 일해봤고, 첫 직장은 한국예술연구소라는 문화체육관광부 산하 기관이었어요. 거기는 일종의 공기업 같은 곳인데 구글은 진짜

사기업이고, 세 번째로 간 전장연은 완전히 시민단체잖아요. 대학 전공으로 따지자면 제가 한예종을 다녔으니까 예술 전공인데, 그 후 서울대 대학원에서는 행정학을 전공했고 지금은 사회학과 인류학을 공부하고 있으니 족보가 많이 꼬인 편이죠. 언뜻 보면 뭔가 제대로 된 게 없는 것 같지만, 저 자신은 그게 이상하다거나 어긋났다는 생각을 해본 적이 없어요. 사람들이 저의 인생 행로를 보고 뭐라고 이름을 붙이건 그저 제가 소속된 조직의 이름이 달라졌을 뿐 근본적으로 하는 일은 항상 같았어요.

예를 들면 어떤 사회적인 가치를 만든다거나 아니면 장애인 인권을 위해 일을 한다고 쳐요. 그런데 그 인권에 관련된 일이 때로는 정책일 수도 있고, 때로는 좀 더 깊은 사회적 분석일 수 있는 거죠. 그런 식으로 저는 계속 같은 길을 가면서 중간중간 장소를 옮기는 식이었어요. 그러니까 본질이란 것이 있고 그다음에 주변 것들이 있는데, 우리는 계속 그 주변에 있는 것들로 한 사람의 특성이 바뀐다고 생각하는 경향이 있어요.

그래서 어렸을 때 이사를 자주 다니면서도 '나는 나'라는 생각을 많이 했고, 계속 이동하면서 하고 싶은 것을 찾아가는 지금도 상대적으로 두려움을 덜 느낍니다. 지금도 절 보고 미쳤다고 하는 사람들이 많아요. 전공을 이런 식으로 바꾸는 게 쉬운 일은 아니니까요. 직장 경력도 마찬가지고요.

박   사실 예전부터 한 생각이긴 하지만, 이야기를 듣다 보니 재원 님의 여정이 어디까지 이어질지 무척 궁금합니다. 제가 재원 님이 걸어온 길을 조금 지켜봐왔기 때문에 더 그런 것 같아요. 아까 의료 오디세이라는 표현을 쓰셨는데, 그 표현을 빌린다면 재원 오디세이에서 다음 행선지는 어디가 될지 궁금해요. 벨기에로 공부하러 가실 때도 의외라고 생각했는데 거기서 다시 미네소타로 가실 수도 있다는 말을 듣고 또 한번 놀랐어요.

변   아마 남극까지 가지 않을까요?(웃음)

박   이건 제 개인적인 이야기인데요. 저도 서른아홉 살에 아이를 데리고 영국으로 가 대학원에 진학했는데, 그 결정을 내리기까지 무척 힘들고 두려웠어요. 재원 님이 한국에서 벨기에 대학원으로 간 여정과 비교해보면 저의 여정은 아무것도 아닌데 말이죠. 그런 면에서 감동과 영감을 받았습니다. 재원 님의 오디세이를 보면서 다양한 층위의 사람들이 저처럼 영감을 받았을 것 같고요.

재원 님의 여정에서 또 궁금한 것 하나가 한예종에서 예술경영을 전공한 거예요. 한예종을 들어가고 싶어하는 학생들이 굉장히 많잖아요. 어떻게 거길 들어가게 됐는지 궁금합니다.

변   앞에서 잠깐 말씀드렸던 이야기랑 연결되는데요. 중

학교를 수없이 전학 다니고 고등학교는 사실상 다니지 못한 학생에게 수능 1등급을 맞으라는 건 불가능한 얘기거든요. 공부를 안 했는데 무슨 수로 수능을 1등급 맞겠어요?

그런데 제가 대학에 가는 게 어머니의 꿈이었어요. 또 어디서 점을 보고 오시더니 이번엔 성악과를 가래요. 저는 성악과 전혀 무관한 인생을 살아왔는데요. 어머니 말씀을 듣고 성악을 두어 달 배우다가 내가 갈 길이 아니라는 걸 깨달았어요. 그래서 수능을 보지 않고도 갈 수 있는 대학 리스트를 정리했죠. 그렇게 정리하다 보니, 솔직하게 말씀드리면 그중에서 제일 높은 대학이 한예종이었어요.

여길 가자고 마음먹고 혼자 입시 전형을 찾아보니 논술과 면접으로 구성되어 있는데 그게 무슨 뜻인지 잘 모르겠더라고요. 논술과 면접이라고 하면 굉장히 추상적이잖아요. 그래서 제가 그때까지 작업했던 자료들을 모아서 포트폴리오를 막 만들었어요. 지금 생각하면 좀 어이없는 게 면접의 공정성을 위해 포트폴리오를 제출할 수도 없는데 무조건 만든 거예요. 신문기사도 올리고, 제 감상문도 올리고요. 입시가 뭔지 모르니까 입시와 완전히 동떨어진 일들을 한 거죠.

그런데 운이 좋았던 게 제가 지원한 2012년도에 한예종에서 처음으로 특수교육 대상자를 뽑은 거예요. 시행 첫해여서인지 지원자는 많았지만 다들 뭘 어떻게 해야 할지 모르는 채 왔더라고요. 다 똑같은 상태였어요. 그래서 그냥 논술시험 보고 면접 봐서 합격했습니다.

왜 예술경영을 전공했느냐면 한예종에는 실기과가 아주 많고 이론과는 몇 개 없어요. 그런데 실기과는 저 같은 사람이 들어갈 수 있는 곳이 아니에요. 실기과에 가려면 아주 이른 나이부터 준비를 해야 하니까요. 그래서 이론과 문을 두드렸는데 운이 좋았죠. 지금 생각해보면 한예종에 들어간 것은 제 인생 최고의 행운이 아니었나 싶어요. 다른 학문에 비해 선행지식이라는 게 크게 요구되지 않았거든요. 어떤 의미에서는 새 도화지에 다 같이 그림을 그린다는 느낌이었어요.

그리고 이 학교에서 예술은 학생들이 함께 잘해야 점수를 받는 시스템이에요. 예를 들어 제가 연극단원이었는데 연극 같은 경우 50명 정도가 같이 한 작품을 하는데 거기서 한 명이 잘했다고 한 명에게만 학점을 잘 주고 다른 학생은 학점을 낮게 주고 그러지 않아요. 못하면 다 같이 못한 거예요. 중고등학교를 제대로 못 다녀서 친구가 없었던 제가 이 시스템 덕분에 좋은 친구들을 많이 만났습니다. 그 친구들을 지금 넷플릭스 같은 데서 볼 수 있어요. 그 모습을 보면 정말 뿌듯해요.

박   재원 님은 또 다른 리그에서 엄청난 활약을 하고 계시잖아요. 그런데 오늘 인터뷰를 하면서 좀 이상하다는 느낌을 받았어요. 좋은 의미의 이상함인데, 이 인터뷰 시리즈의 목적이 자기만의 길을 만들면서 살아온 분들의 이야기를 듣는 거지만, 사실 한 사람의 인생이 그렇게 막 술술 풀리고 앞뒤가 잘 맞고 그러진 않잖아요.

드라마야 작가가 개입해서 이야기가 되게끔 만들지만 보통 사람들의 서사는 중간에 툭툭 끊기는 지점이 있고 일관성도 없고 논리도 없기 마련인데, 재원 님의 이야기는 한 편의 영웅 서사 같아요. 인생에 위기가 닥칠 때마다 대처하는 능력도 놀랍지만, 뭔가 운명이 그쪽으로 재원 님을 밀어준 게 아닌가 할 정도로 지극히 절묘한 지점들이 있어요. 그런 의미에서 행정학을 공부하다 왜 사회학으로 바꿨는지, 그리고 애초에 왜 행정학을 선택했는지 궁금합니다.

변　　아주 좋은 질문을 해주셨는데요. 사실 행정학은 한마디로 말하면 공무원 시험의 필수 과목이에요.

이게 다예요. 그런데 보시면 알겠지만 저는 공무원 시험과 하등 관계가 없는 사람이거든요. 다만 제가 가지고 있는 생각이 하나 있는데, 좀 야비하게 느껴질 수도 있지만 어딜 가든 리소스가 가장 큰 곳에서 놀자는 거예요. 이게 되게 한국적인 사고방식일 수 있는데, 한국 사회과학에서 가장 희한한 점은 행정학의 리소스가 압도적으로 크다는 거예요. 작가님은 이런 생각 해보신 적 없나요?

예를 들면 행정학과가 딱 들어도 사회학과보다 뭔가 아웃풋이 좋을 것 같다는 느낌이 들지 않나요? 행정학이 사회학보다 우월한 학문이라는 뜻이 아니라 한국이 전통적으로 개발 국가, 발전 국가 모델을 따라 박정희·전두환 시대를 지나면서 비교적 친정부적인 성향이 있는 학문에 전폭적인 지원을 해왔던 역사가 있는 거예요.

박   그렇게 설명해주시니 무슨 뜻인지 알겠어요.
변   그런데 미국에서는 행정학이 그렇게 크지 않아요. 정치학이 훨씬 클래식하고 지배적인 학문이죠. 그래서 대학에 행정학과가 거의 없어요. 요즘 정책학과라는 게 생기긴 했지만 어쨌든 행정학과는 주류가 아니에요. 그럼 행정학과가 주류인 나라는 어디인가? 중국과 베트남입니다. 이렇게 말하면 감이 잡히실 거예요.

저도 행정학에 대해 그 정도 인식은 있었지만, 당시 결혼해서 가정이 있었고 공부를 하고 싶었어요. 저를 아는 분들은 제게 미학과가 어울릴 것 같다고 하셨죠. 대학에서 예술을 전공했으니까요. 하지만 전 결혼해서 가정을 꾸렸는데 공부하겠다고 생활이나 살림을 팽개치는 게 제일 싫었어요. 그래서 일정 정도의 수입을 예상할 수 있고 공부도 할 수 있는 곳을 찾다가 일종의 타협점으로 행정학과를 선택했죠.

행정학과에 들어간 후에는 어떻게든 생활비를 벌어야 하니 조교를 하면 좋을 것 같다는 생각이 들더라고요. 그런데 아무나 조교로 뽑아주진 않잖아요. 조교는 교수님을 보좌하면서 여러 가지 심부름도 해야 하는데 저는 그럴 수 없으니, 제가 먼저 나를 조교로 뽑아주실 만한 분을 찾아보기로 했어요. 그렇게 찾아다니다가 어느 날 교내 매점에 뭔가 사러 오신 교수님을 보고 이분이면 좋겠다 싶어 적극적으로 어필했죠. 그런 인연을 통해 조교가 되어 한 달에 70만 원 정도 월급을 받을 수 있었습니다. 많은 돈은 아니었지만 그럭저럭 생활은 할 수 있었어요.

박 재원 님의 이야기는 그야말로 놀라움의 연속입니다. 조교가 되기 위해 교수님을 찾아다녔다는 이야기도 마찬가지고요. 굉장한 발상의 전환이네요. 재원 님은 원하는 바를 이루는 방법을 아는 실용지능이 대단히 뛰어나신 것 같아요.

변 그건 제가 장애인으로 살면서 생긴 장점 같아요. 저의 경우 남들보다 빨리 나를 도와줄 수 있는 사람을 찾는 것과 도와달라고 요청하는 것에 대한 심리적 장벽이 상대적으로 낮아요. 애초에 휠체어를 타고 다니다 턱이 있으면 무조건 도와달라고 얘기할 수밖에 없거든요. 그때 행인 아무에게나 말을 건다고 다 도와주는 건 아니니까 누구에게 어떻게 부탁해야 내가 원하는 걸 해낼 수 있는지 계속 익혀왔죠. 그런 것이 장애를 갖고 있는 사람들이 하는 선행 학습 가운데 하나인 것 같아요.

박　비장애인도 이런 자질은 배워야 한다고 생각해요. 요새는 낯을 가리고 사람들과 의사소통하는 걸 꺼리는 청년들도 많잖아요.

다음 질문으로 넘어가서, 저는 재원 님의 책을 읽다 재원 님이 성인이 된 후 아주 큰 교통사고를 당했다는 사실을 접하고 많이 놀랐어요. 더 놀라웠던 건 이미 아주 어렸을 때 의료사고로 장애가 생긴 데다 20대 초반에 그런 심각한 위기를 겪었는데도 이렇게 엄청난 일들을 해냈다는 점이었어요. 제가 그런 일들을 겪었다면 거듭되는 위기에 그냥 주저앉아 버렸을 것 같아요. 그런 강인한 멘탈은 대체 어디서 나오는 건가요?

변　평소엔 그런 생각을 안 해봤는데 작가님의 질문을 받고 생각해봤어요. 일단 장애가 있기 때문에 뜻대로 안 풀리는 일들이 굉장히 많아요. 예를 들어 친구들과 같이 견학을 갈 수 있을 거라고 확신했는데 막판에 저는 못 가는 그런 일들이 비일비재했어요. 그럴 때 플랜 B와 C를 빨리 생각해내는 편이에요. 그러니까 제가 최종적으로 원하는 가장 값진 것은 A이지만 그게 안 되면 바로 플랜 B로 넘어가요. 그래야 살 수 있으니까요. 행정학은 저에게 플랜 B였어요. 최고를 고르라고 하면 미학이었겠죠.

지금 보면 벨기에도 괜찮은 선택인 것 같지만 처음 거기 간다고 했을 때는 사람들이 다 저보고 미쳤다고 했어요. 영국이나 미국을 가지 무슨 벨기에냐고요. 벨기에를 비하하는 발언이 아니라 인식이 그랬다는 겁니다. 저도 영국이나 미국에 가고 싶었지만 돈이 없는데 어떡해요? 그런데 벨기에는 학비가 500만 원 정도면 갈 수 있겠다 싶어 자연스럽게 플랜 B가 된 거예요. 솔직히 말하면 미네소타도 플랜 B겠죠. A는 하버드나 스탠퍼드 같은 곳이지만 역시 갈 수 없잖아요.

그런 건 중요하지 않다는 거예요. 제 뜻대로 일이 풀리지 않을 땐 그 상황에서 할 수 있는 최선을 선택해야 한다고 생각해요. 제 인생은 그런 선택의 연속이었습니다. 첫 직장으로 연구소에 다니다가 교통사고가 나서 일을 할 수 없었을 때 대학원에 진학해 상대적으로 시간을 벌 수 있었고, 적은 돈으로 생활도 하면서 공부할 수 있었습니다.

이런 얘기를 하면 많은 분들이 그래도 너는 한예종도 나오고 서울대도 나오고 구글도 다녔는데 무슨 플랜 B냐고 하실 수도 있지만, 중요한 것은 제가 처음부터 그런 것들을 원한 게 아니라는 사실입니다. 그래서 A를 가질 수 없을 때 A와 B 사이를 어떻게 좁힐 수 있을지 지속적으로 고민하며 살아왔던 것 같아요. 그런 선택이 그때그때 최선이 될 수 있도록요.

박 플랜 A와 플랜 B 간의 거리 좁히기 같은 주제로 책을 쓰시면 큰 인기를 얻을 것 같아요. 그런데 제가 정말 궁금한 건 최선이나 차선이냐가 아니라 좌절하지 않고 계속 일어날 수 있는 멘탈이에요. 그 근원은 뭘까요?

변 이건 사실 굉장히 본질적인 얘기인데, 제 안에는 살아야겠다는 본능 같은 게 내장돼 있어요. 의료사고를 당했을 때 하지 마비만 온 게 아니라 호흡기와 폐도 50퍼센트 정도만 기능하게 되었어요. 의료사고를 당했다고 하면 마치 칼로 반듯하게 신경만 제거된 것으로 생각하기 쉬운데 사람의 몸이란 게 그렇지 않아요. 몸속에 모든 장기가 뒤엉켜 있거든요. 그래서 제가 폐도 안 좋고 숨 쉬기 어려운 상태로 살다 보니까 살아야겠다는 욕망이 굉장히 강해요. 플랜 A, 플랜 B도 어쩌면 그것의 부속물일 수도 있어요. 그러니까 제가 원하는 대로 살아야겠다가 아니라 살아야겠다는 그것 자체가 굉장히 중요해요. 작가님이 말씀하신 '좌절에서 어떻게 일어날 수 있는가'를 스탠드 업이라고 표현한다면 저는 서바이벌, 즉 살아야 한다는 욕망이 더 본질적이라고 봐요.

그런 상황 속에서 첫 번째는 살아야겠다고 생각하고, 두 번째는 어떻게든 살아남기에 가장 확률이 높은 환경을 계속 골라요. 물론 그건 미지의 영역이자 상상의 영역입니다. 그래도 가다 보면 목숨을 더 연장할 수 있지 않을까 고민을 계속하게 되죠. 제 삶은 생과 사를 끊임없이 오가는 여정이니까요.

박 말씀을 들을수록 감탄만 나옵니다. 이제 좀 가벼운 화제로 넘어갈게요. 재원 님이 구글에서 인턴할 때 쓰신 글도 굉장히 재미있게 읽었는데, 어떻게 구글에 들어가시게 됐는지 그 이야기를 들려주시겠어요?

변 제가 구글코리아에서 일한 첫 번째 장애인이에요. 구글코리아 인사팀에서 장애인을 직원으로 채용하려고 했는데 적절한 사람을 찾기 힘들었나 봐요. 그런데 제가 한예종에 다닐 때부터 계속 글을 쓰다 보니 그런 글들이 자연스럽게 어딘가에 노출이 됐던 것 같아요. 정확히 어떤 글인지는 모르겠어요. 그렇게 페이스북에 쓴 글도 알려졌고, ㅍㅍㅅㅅ라는 매체에 기고한 '옥타곤 클럽에 장애인이 갈 수 있을까'라는 글이 큰 반향을 일으켰어요. 당시 조회 수가 50만 정도 나온 것 같은데 그걸 보고 구글코리아에서 연락해왔어요. 그렇다고 단번에 채용이 된 건 아니고 그들이 생각한 장애인 후보자군에 들어간 거죠. 처음에는 커피챗 한번 하겠느냐고 제안했고 그게 끝나니까 면접 볼래, 이런 식으로 단계가 이어졌어요. 제가 지원한 게 아니라 글을 쓰다 보니 너란 사람이 궁금하다, 한

번 만나자, 라는 식이 된 거죠.

박 결국 재원 님의 멋진 글 덕분이었네요.
변 계속 글을 써왔기 때문에 가능했던 것 같습니다.

박 거기서 어떤 일을 하셨어요?
변 유튜브 마케팅을 했어요. 〈BTS 번 더 스테이지〉라고 유튜브에서 만드는 독자적인 콘텐츠 가운데 BTS 다큐멘터리 같은 게 있었어요. 그걸 처음 한국에 론칭할 때 소속사와 연락하고, 소셜미디어에 홍보하는 일을 했어요.

 두 번째 업무는 한국 시장에서 큰 역할을 했던 멜론에 대한 리서치였어요. 멜론은 어떻게 저렇게 잘하지? 우리는 어떻게 하면 점유율을 높일 수 있을까? 그런 것들을 연구했죠.

박 방금 떠오른 생각인데 구글에서 재원 님의 글을 보고 이 친구 멋있다 하며 연락했겠지만 그전에 재원 님의 배경도 체크했을 것 같아요. 그런 면에서 한예종을 나왔다는 것도 플러스가 됐을까요?
변 그랬을 것 같아요. 그리고 제가 교통사고 나기 전까지 예술연구소에서 일을 했기 때문에 그게 그렇게 어려운 일은 아니었어요. 제가 연구소에서 하던 일이 한국 미술 시장의

옥션 데이터를 모아서 연구하는 거였거든요. 쉽게 말하면 김환기의 작품 가격이 더 오를까? 그런 걸 예측하는 일이었죠.

박　　오, 재미있었겠네요.
변　　재미있었어요. 그런 식으로 미술품 경매 가격 추정 지수를 만들었어요.

박　　책에서 또 인상적이었던 게 데모할 권리라는 부분이었어요. 창피한 말이지만 저는 이 책을 통해 전장연에서 이동권 시위를 했다는 걸 처음 알게 됐어요. 재원 님은 전장연에서 정책국장으로 일하셨는데, 데모할 권리에 대해 설명해주시면 좋겠습니다.
변　　오늘날 민주주의의 양 날개는 경제와 정치인데 경제 파트는 제가 이야기할 수 있는 부분이 아니라고 봅니다. 정치에 또다시 양 날개가 있는데 하나가 대의민주주의예요. 영어로는 representative democracy라고 하는데 제가 보기엔 대의보다는 대표라는 용어가 적절한 것 같아요. 예컨대 건조한 표현을 쓴다면 국회의원이 국민의 의사를 대신하는 건 아니고 그저 대표한다 정도가 맞고요. 그런 대표민주주의와 함께 현장민주주의가 있어야 해요. 단적으로 말해 국회만 있는 민주주의는 민주주의라고 하기 어려워요. 제가 보기에 국회가 살아 있는 동시에 시민의 역량도 살아 있어야 하거든요. 그 시민의 역량이란 게 데모할 권리인 것 같아요.

그러니까 사람들이 거리에서 자신의 의견, 공적인 의견을 말할 권리를 보장받아야 한다는 거죠. 저는 그게 단순히 땡깡 부리거나 싸우자는 게 아니라 민주주의의 번영을 보장하는 하나의 길이라고 생각해요. 전체주의국가나 하다못해 요즘 트럼프만 봐도 그들이 제일 싫어하는 게 데모거든요. 그들도 국회의원이 자기와 다른 의견을 내는 거는 그렇게 싫어하지 않아요. 쟤는 애초에 민주당이라 그래, 쟤는 애초에 공화당이라 그래, 이렇게 낙인을 찍어버리면 끝이니까요. 하지만 국민이 말하는 건 달라요. 말들이 많아지면서 굉장히 시끄러워지죠. 그래서 저는 데모할 권리가 거시적으로는 민주주의를 지키는 것이고, 미시적으로는 시민이 시민으로서 주체적 효능감을 찾는 행위라고 봐요.

전장연 활동을 할 때도 느낀 점인데 장애인이 택할 수 있는 길은 둘 중 하나예요. 좋은 정치인이 나타나서 너 내일부터 30만 원씩 장애인 연금 줄게, 이러면 아이고 감사합니다, 하고 받는 방법이고요. 두 번째는 나에게는 월 30만 원의 연금이 필요한 게 아니라 지하철 엘리베이터가 필요하다, 엘리베이터가 생기면 내가 돈을 벌러 가보겠다, 라고 이야기할 수 있는 권한을 주장하는 방법이에요. 저는 힘이 없고 사회적 지위가 낮은 사람들일수록 데모할 권리를 적극적으로 주장해야 한다고 생각해요.

전에는 이런 얘기를 하면 대부분의 사람들은 그럴 수도 있겠다며 미온적인 반응을 보였는데 이제는 달라졌어요. 이제는 모두가 공감할 것 같은 게 윤석열 대통령의 탄핵 상황만 보더라도 국회가 혼자 한 게 아니라 시민들이 만들어낸 것이든요. 이런 것들이 그 '데모할 권리'가 가져온 결과라고 봐요. 시민이 자기 자신을 호명하고, 주체성을 갖게 되고, 더 나아가 우리 사회가 나아가야 할 올바른 방향까지 국가에 제시하는 거죠. 데모를 통해서요. 그래서 이 권리는 민주주의 사회가 번영하는 동시에 우리 스스로가 시민의 효율성 효능감을 갖기 위해 매우 중요하다고 생각합니다. 장애인이든 성소수자든 여성이든 상관없어요.

박 제가 번역가라서 그런지 책에서 번역이라는 단어가 나오면 눈이 번쩍 뜨이는데, 재원 님이 활동가들의 언어를 번역해서 실생활에 접목했다는 부분이 정말 좋더라고요. 저도 대학교 때 운동권 선배들이 쓰는 용어에서 굉장한 괴리감을 느꼈거든요. 재원 님 책에서 일반인이 생각하는 것과 장애인이 생각하는 것에 차이가 있는 용어가 있다면 설명해주시면 좋겠습니다.

변   두 단어를 소개하려고 해요. 투쟁과 민중. 저는 처음에 민중이란 단어가 진짜 공산 진영에서만 쓰는 말인 줄 알았어요. 아니 사람이라는 단어도 있고 시민, 국민 다 있는데 왜 민중을 쓰지? 그런데 국민이라고 해도 거기에 하나의 프레임이 존재해서 외국인은 국민에 끼지 못할 가능성이 있고요. 서울 시민이라고 하면 서울 이외 지역에 있는 사람은 또 시민으로 인정받기 어려운 게 있더라고요. 이런 식으로 우리가 가진 단어들이 모든 사람을 다 끌어안지 못하는 한계가 있었어요.

작가님은 번역가이시니 더 잘 아실 텐데, 많은 사람이 이해하는 가장 지배적인 단어가 곧 가장 섬세한 단어인 건 아니거든요. 때로는 아주 예리한 단어를 써야 할 경우가 있고, 때로는 더 넓은 단어를 써야 할 때가 있죠. 저는 번역에 맛이 있다고 생각하는데 이 경우도 마찬가지예요.

그 관점에서 보면 민중이라는 단어는 과연 무엇인가. 그 단어가 여타의 단어들과 다른 점은 함께 거리에 섰을 때는 한국 국적을 갖고 있지 않은 사람도 민중이 되는 거고요. 어떤 시, 어떤 도, 어떤 행정구역에 살고 있지 않은 사람도 민중이 되는 거예요. 어린 사람부터 나이가 많이 든 사람들까지 한데 모여서 하나의 목소리를 낼 때 다 민중이 될 수 있는 거죠. 그리고 민중이란 말에는 소박한 느낌이 있어요. 국민, 시민만 해도 뭔가 망토를 탁 걸치고 있는 느낌이랄까? 나는 어떤 공화

국의 국민이다, 시민이다. 근데 민중이라는 단어에는 그런 느낌이 없어요. 그래서 민중이란 단어를 쓰는 게 아닐까요. 저도 처음부터 이걸 알고 뛰어든 건 아니에요.

처음 전장연에 들어갔을 땐 저 사람들은 왜 저렇게 이상한 말을 쓸까 의아했어요. 그러다 저들에겐 분명히 어떤 의도가 있을 것이고, 그 단어를 고집하는 이유가 있을 것이라는 결론을 내렸죠. 영어로 표현해서 죄송하지만 민중이란 단어는 이런 맥락에서 쓰는 단어 중에서 가장 험블한 것 같아요. 그래서 그 단어로 표현하는 것 같기도 해요.

투쟁이라는 단어도 마찬가지인데, 투쟁을 영어로 보통 트러블로 번역해요. 투쟁이란 단어는 사실 듣기만 해도 무섭잖아요. 이거 뭐, 싸우자는 건가? 이런 생각도 들고. 그런데 투쟁이란 단어 이면에는 열심히 하자는 뜻이 들어 있어요. '아자, 아자, 파이팅'만으로는 충분하지 않을 때가 있거든요.

무슨 뜻이냐면 시민들이 모였다는 이유만으로 정치가 바뀌진 않아요. 제가 보기에 하나가 더 필요한데 그게 의지예요. 시민들이 모이는 동시에 우리에게 사회를 바꾸려는 의지가 있다는 걸 가장 잘 담은 단어가 투쟁인 것 같아요. 그래서 언제부터인가 투쟁이란 말을 들으면 그냥 의지의 소리로 들리더라고요. 나는 지금 열심히 무언가를 하고 싶다, 최선을 다하고 싶다, 라는 말이 투쟁으로 쓰이는 거죠. 예를 들어 식사 투쟁이라고 하면 나 진짜 열심히 밥을 먹을 거야, 라는 이야기인 거예요. 투쟁이라고 하면 오늘도 진짜 뭔가 열심히 해보자는 것이지 누구를 때려죽이거나 잡자는 게 아니라는 말이에요. 요즘 집회에 나가시는 분들이 많아 이 말에 공감하실 텐데요. 처음에는 의지를 가지고 참여하지만 한두 번 나간 뒤에는 이제 그만할까 하는 마음이 들어요. 할 만큼 했잖아. 그게 다른 말로 하면 의지가 꺾이는 거예요. 그런데 아직은 계속할 수 있다는 의지를 모으는 과정에서 분명히 새롭게 필요한 단어들이 있고, 그게 투쟁이 되는 거예요.

옛날엔 너무 무서웠던 운동권 용어를 쓰고, '임을 위한 행진곡'을 부르는 이유가 있어요. 거기엔 나름의 고유한 의미와 역사가 있겠구나, 저는 그렇게 생각했습니다.

박 이건 개인적으로 정말 궁금했던 건데, 재원 님이 페이스북에 글을 쓰면 20~30개 공유는 기본이고 많으면 몇백 개가 되더라고요. 이해가 되는 게 재원 님이 글을 정말 잘 쓰시거든요. 현란한 수사를 동원한 글이 아니라 굉장히 선명하고 명쾌하고 쉬워요. 그렇게 글을 잘 쓰시는 비결이 뭘까요? 평소 글을 많이 쓰고 책을 많이 읽고 공부를 많이 해서일까요?

변 제가 글을 잘 쓴다는 생각은 못 해봤는데 그래도 비결을 굳이 찾아보자면 세 가지를 들 수 있을 것 같아요. 첫 번째는 제가 장애 당사자라 확실히 타인에게 먼저 말을 건네는 일이 많았어요. 부탁부터 시작해서 온갖 요청을 해야 했죠. 그런데 이것 좀 해달라는 부탁을 받았을 때 그냥 해줄 사람은 없거든요. 그래서 어떻게 말을 걸어야 듣는 사람도 기분 나쁘지 않고 흔쾌히 내 부탁을 들어줄 수 있을까, 이런 고민을 평생 해온 것 같아요. 앞으로도 그 고민은 계속될 거고요.

두 번째는 제가 학교를 다니지 못했을 때 저에게 검정고시를 보라고 한 형들과 어른들이 많아요. 그분들이 읽을 수 있는 글을 쓰는 게 저에게 굉장히 중요했어요. 제가 대학원에 다니고 있을 때 좋아하는 형에게 전화가 왔는데, 잘 지내느냐고 물으면서 요즘 제 글을 읽지 않고 있다고 하더군요. 제 글이 부쩍 어려워졌다는 거예요. 지나가듯 이야기했는데 그때 내가 지금 글을 잘못 쓰고 있다는 걸 깨달았어요. 자아도취에 빠진 글을 쓰고 있다는 생각도 들었고요. 그래서 글을 좀 더 쉽게 쓰려면 어떻게 해야 할지 고민했어요. 그리고 장애인 단체에 있으면 글을 쉽게 쓸 수밖에 없기도 해요.

세 번째는 서울대 대학원 행정학과에 있을 때 제 지도교수님의 영향을 아주 많이 받았어요. 교수님이 무척 섬세하신 분이었거든요. 저보다 훨씬 더 타인에 대한 감수성이 풍부하셨어요. 예를 들면 이 사람은 이럴 것이다, 저 사람은 저럴 것이다, 라고 단정하고 일반화하는 걸 아주 싫어하셨어요. 이 사람에겐 이런저런 사정이 있었겠지 하며 그 사람의 맥락을 읽으려고 하셨어요. 그분의 영향을 많이 받았죠.

박 보기 좋고 감동적인 사제 관계네요. 요즘같이 각박한 시대에 그런 좋은 스승을 만날 수 있었던 건 재원 님의 복이라고 생각해요. 그 교수님이 재원 님이 대학원을 떠나겠다고 했을 때 하루를 꼼꼼하게 살아내고 기록하는 습관을 하라고 조언해주셨다는 부분이 정말 좋았어요. 교수님은 왜 그런 조언을 하셨을까요?

변 그러니까요. 굳이 답을 찾아보자면 교수님의 입장에서는 제가 전장연에 있을 때 일어나는 일들을 자연스럽게 인식하는 것보다 계속 낯설게 바라보기를 원하셨던 게 아닐까 하는 생각이 들어요. 사람이 어느 순간 뭔가에 익숙해지면 함부로 하기 쉽거든요. 원래 익숙한 사람에게 더 함부로 하기 쉽고 익숙한 자리에서 함부로 다리를 뻗거나 자세가 흐트러지기 쉬워요. 교수님 말씀은 제가 간 곳에서 긴장을 유지하면 좋겠다는 이야기였던 것 같아요.

새로운 곳에서의 허니문은 언젠가 끝난다는 교수님 말씀도 제가 책에 썼는데요. 교수님은 그런 달콤한 감정이 사라졌을 때도 서로를 믿고 서로에게 남을 수 있는지를 살펴보는 게 중요하다고 하셨어요. 그런데 그 믿음이라는 게 어느 날 갑자기

내게 찾아오는 게 아니라 내가 계속 긴장을 유지하면서 이 사람을 이해하고 관찰하려 하는 자세, 공감하려 하는 자세에서 나온다고 생각하셨어요. 그래서 그런 조언을 하신 것 같아요.

박 알겠습니다. 재원 님이 생각하는 몸은 뭘까요?

변 이렇게 얘기하면 갑자기 현학적으로 흐르는데, 당장 떠오르는 건 몸은 세계의 관문이라는 거예요. 그러니까 몸 없이는 아무것도 바라볼 수 없고 아무것도 접촉할 수 없고 아무것도 이해할 수 없고 아무것도 만질 수가 없어요. 우리는 마치 뇌로만 살아간다는 착각을 많이 하는데, 몸은 관문이에요. 제가 무언가를 본다는 건 제 눈이라는 관문을 통하고 있는 거고, 제가 무언가를 만지고 있다는 건 제 손을 통하는 거고, 제 몸을 통과하지 않고는 아무것도 접촉할 수 없어요. 그래서 다른 몸을 가진 사람은 다른 감각을 할 수밖에 없고, 같은 현상을 보고도 다르게 생각할 수밖에 없어요. 근데 우리는 마치 그냥 뇌가 모든 걸 판단하고 인식한다고만 생각해 몸의 의미를 많이 축소하는 경향이 있어요.

그래서 요즘 우리 사회에 다양한 사람들의 몸을 인정하는 태도가 필요하다는 생각을 많이 해요. 몸을 빼고 생각하기 때문에 갈등이 일어나는 경우가 많아요. 남녀 갈등도 그렇고 장애·비장애 갈등도 그렇고, 어린 사람과 노년층의 갈등도 그렇고요. 다들 몸을 고려하지 않은 채 말로만 계속 서로가 동등한 위치에서 싸우고 있지 않나 싶습니다.

박 놀랍네요. 저는 그런 식으로는 생각해본 적이 없는데 이것도 굉장히 중요한 화두가 될 것 같습니다. 『장애 시민 불복종』을 집필한 동기와 이 책을 통해 재원 님이 전하고 싶었던 메시지는 뭔가요?

변 어떻게 들릴지 모르겠지만, 저는 사람들에게 투쟁의 서사를 이해시키고 싶었어요. '이들이 왜 거리로 나와야만 했을까'라는 질문을 다른 말로 하면 '왜 장애인은 거리로 나오기를 택했는가'예요. 이 말을 거리에서 했을 때는 사람들이 잘 안 듣더라고요. 책으로 말하면 사람들이 그래도 장애인들이 왜 이러는지 동기는 알 수 있지 않을까 하는 생각이 들었어요.

박 장애인 이동권 활동 가운데 가장 기억에 남는 순간이나 에피소드를 꼽자면 뭐가 있을까요?

변 세종시를 가려면 세종시가 아닌 오송역에 내려야 해요. 그런데 오송역이 진짜 특이하게 설계되어 있거든요.

박 저도 알아요. 기차를 몇 번 이용해봤는데 너무 불편하더라고요.

변 더 큰 문제는 장애인이 갈 수 있는 방법이 없다는 거예요. 자가용을 타고 가면 되지 않느냐는 말이 나오는데 그건 해결책이 아니거든요.

오송역에서 세종시청으로 가는 저상버스가 전혀 없는 상황이라 장애 당사자들이 저상버스를 설치해달라고 끊임없이 요구했어요. 그런데 안 된대요. 그 노선에 세종, 대전, 오송 등 지자체가 세 개나 걸려 있어서 문제가 복잡하다면서요. 버스는 지자체 하나가 담당한다고 생각하기 쉽지만 지자체 세 개가 있으면 세 개가 다 같이 합의를 봐야 해요. 거기다 버스는 또 국토교통부에서 관장하고, 버스 회사는 이윤을 내야 하니 다섯 부문의 이해 당사자가 갈등하는 거죠. 그 상황에서 누구도 책임지려 하지 않고요. 그래서 문제가 해결되지 않고 지지부진하게 이어졌어요. 저희는 서울에서만 이동권 시위를 한 게 아니라 지방에서도 했거든요. 다만 뉴스에 실리지 않았을 뿐이죠. 우리나라는 모든 뉴스가 서울 중심이니까요. 아무튼 장애인들이 1년 정도 투쟁한 끝에 드디어 오송역에서 세종시청으로 들어가는 저상 버스가 생겼어요. 휠체어나 유아차가 오송역에 갈 수 있게 된 순간 정말 뿌듯했어요. 솔직히 서울 지하철역에 엘리베이터가 생겼을 때보다 더 뿌듯했어요.

박 데모할 권리가 결실을 거둔 거네요. 정말 뿌듯해하실 만한 대단한 성취인 것 같아요. 책에 쓰셨기에 일반인이 알았지, 말씀하신 것처럼 미디어나 언론에 노출되지 않았다면 다들 모르고 지나갔을 겁니다. 장애인과 비장애인 간의 이해와 소통을 증진하기 위해서는 어떤 노력이 필요하다고 보세요?

변 좀 어려운 질문이네요. 어디서부터 시작해야 할지 모르니까요. 그래도 답해보자면, 뻔하게 들리겠지만 '같이 사는 연습'이 필요할 것 같아요. 이게 쉽게 들리지만 생각보다 어려운 일이에요. 예를 들어 장애인이 휠체어를 타고 버스를 타기 위해 평소보다 2, 3분 더 시간을 들여도 다른 승객들이 짜증내지 않고 기다리는 걸 의미하거든요. 학교에서 장애인과 같은 조가 됐을 때 이 사람의 역량이 자신의 역량만큼 기대에 미치지 못한다는 걸 알면서도 같이한다는 걸 의미하고요. 이처럼 같이 산다는 게 말은 쉬워도 현실에선 짜증 나는 일이 될 수 있어요. 그래서 우리가 어디까지 같이 살 수 있을까, 그걸 과연 실행할 수 있을까, 이런 고민을 하고 실천하는 것에서 변화가 시작될 거라고 생각해요.

벨기에에서는 비장애 학생과 장애 학생이 같이 산다는 게 어려운 일이 아니에요. 여기서는 그냥 같이 살아요. 이게 가능하려면 비장애 학생들도 장애 학생과 같이 무언가를 하는 과정에서 속도에 대한 강박을 없앨 수 있어야 해요. 그런데 우리 사회는 정확한 데드라인을 주고 그걸 하지 못했을 때 너는 탈락이야, 너는 이제 인생에서 성공할 가능성이 없어, 하는 식으로 조급함을 만들어내는 시스템을 운영하고 있어요. 그러다 보니 비장애 학생들은 장애 학생들을 배제하게 돼요. 미안하지만 일단 애는 좀 빼고 하자, 이러면서요. 사실 이건 장애와 비장애뿐만 아니라 모두가 서로를 탈락시키고 있는 거예요. 그런데 이렇게 탈락시키고 나면 남는 사람이 없어요. 그러니 우리 사회가 실패에 좀 더 관대해져야 하고, 좀 더 협력할 수 있는 시간과 환경이 조성되어야 한다고 생각합니다.

박 인터뷰가 아니라 강의를 듣고 있는 것 같은 착각을 일으키는 멋진 말씀입니다. 저는 착한 장애인과 나쁜 장애인에 대한 개념도 좋았어요. 사람들이 말은 안 해도 은연중에 그런 생각을 품고 있을 것 같아요. 이걸 다시 환기하는 차원에서 거기에 대한 재원 님의 생각을 듣고 싶어요.

변 착한 장애인은 자기를 바꾸는 장애인이고, 나쁜 장애인은 사회를 바꾸는 장애인이에요. 제가 정의하는 이 나쁜 장애인은 사회를 바꾸기 위해 다른 사람과의 협력을 요구하는 과정에서 때로 갈등을 유발할 수도 있어요. 그게 바로 나쁜 장애인이라는 비난을 받기도 하는 이유이죠. 하지만 이들을 통해 장기적으로는 우리 사회가 올바른 길로 가는 가능성이 커질 수 있어요. 만약 착한 장애인, 즉 다른 사람에게 무해한 장애인들만 있다면 이 사회는 바뀌지 않을 거예요.

저는 나쁜 장애인이 존재해야 우리가 무언가를 놓치고 있다는 걸 이 사회가 자각할 거고, 여기서부터 다시 시작해야 한다는 의식을 가질 수 있을 거라 생각해요. 그래서 나쁜 장애인이 되기로 한 거죠. 지금까지 착한 장애인으로도 살아봤고 그것으로 충분한 인정을 받았지만 결국 그건 저만 잘 살 수 있는 길이더라고요. 지금 이 순간에도 저만 잘 살 수 있는 길을 찾으려고 들면 충분히 찾을 수 있어요. 그런데 그렇게 살면 뭐 해요? 한 번뿐인 인생인데 재미도 없고 의미도 없잖아요.

저는 조울증에 걸린 어머니에게 시달리던 시절이 너무 무섭고 힘들었는데 지금도 그런 아이들이 정말 많을 거예요. 이런 이야기를 공론화하면 제가 욕을 먹겠죠. 어떻게 엄마를 팔아먹냐, 어떻게 엄마를 모욕할 수 있냐, 그렇게 시끄럽게 살아서 뭐 할 거냐 등등 온갖 말들이 나오겠죠. 하지만 그렇게 하지 않으면 세상은 바뀌지 않아요. 그런 삶에서 저만 탈출하면 안 되는 거예요. 같이 사는 세상이니 사회를 바꾸려면 때로는 갈등을 주저하지 말아야 한다고 생각해요. 그러다 보면 나쁜 사람, 나쁜 장애인이 될 수도 있고요.

박 저는 재원 님이 굉장히 힙한 장애인이라는 생각을 했어요. 페이스북도 그렇고 인스타그램도 그렇고 어디든 발화자가 매력적일 때 그 인지도와 영향력이 커지잖아요. 그동안 걸어온 길이 외면적으로 화려하고 지적인 면모도 크다 보니 사람들이 더 재원 님의 메시지에 환호하는 게 아닐까 싶어요. 힙하고 매력적이라는 면에서 저는 재원 님이 독보적이라고 생각합니다. 이번에는 장애인으로서의 경험이 삶의 철학이나 가치관에 어떤 영향을 주었는지 묻고 싶습니다.

변   앞선 질문에 이어서 대답해보면 다른 사람과 다른 몸을 가지고 있기 때문에 다른 생각을 하게 된 것 같습니다. 아주 솔직히 말하면 열악한 상황에 빨리 적응하는 법을 배웠죠. 빨리 부탁하고 빨리 요청하고, 제 한계가 여기까지라는 점을 빨리 인정하고. 그러니까 장애인으로 살아가는 게 어떤 의미를 갖느냐는 질문이 저에게는 거칠게 말하면 '열등한 존재로 살아가는 것의 의미는 무엇인가'와 같게 들려요. 그런데 열등하다는 게 꼭 나쁜 말은 아니에요. 저는 모든 사람에게 타인보다 나은 점이 있고 부족한 점이 있다고 생각해요. 다만 그 어떤 면이 가시화될 때 장애가 있다고 표현하는 거고요.

그게 나쁜 것이라고만은 생각하지 않아요. 내가 그들에게 제공할 수 있는 건 뭐고 그들이 나에게 도움을 줄 수 있는 지점은 뭔지를 다른 사람보다 먼저 고민하게 돼요. 그런 취약성이 사회와의 연결점을 빨리 찾게 하는 계기가 되는 것 같아요.

박 비장애인이 장애인 권익 향상에 기여하려면 어떤 방식으로 참여할 수 있을까요?

변 먼저 장애와 비장애의 경계가 생각보다 그다지 견고하지 않다는 점을 염두에 둘 필요가 있어요. 한국의 장애인은 국민 100명 중 5명꼴이고, 미국의 장애인은 국민 100명 중 25명꼴이에요. 미국은 전쟁을 많이 해서 장애인이 많이 생겼나, 라고 생각할 수도 있지만 그게 아니에요. 미국에서는 장애의 개념이 굉장히 유동적이에요. 비장애인과 장애인이 어떻게 살 수 있을까 생각하는 것을 넘어 이 둘을 가르는 기준 자체가 불투명해요. 진부한 표현으로 바꾸면 누구나 장애인이 될 수 있다는 겁니다. 어느 날 갑자기 교통사고가 나서 장애인이 될 수도 있지만, 사는 국가가 바뀌고 기준이 달라지면 갑자기 내가 장애인이 될 수도 있다는 거예요.

이처럼 장애인이란 사회적 기준에 의해 만들어지는 것이며, 몸과 사회의 상호작용이 만들어낸 결과라는 점을 우리는 잊지 말아야 합니다. 장애인과 비장애인이 애초에 다른 존재가 아니라는 걸, 그저 사회적 기준에 따라 다르게 호명될 뿐이라는 걸 사람들이 알았으면 해요. 우리는 인간인 이상 노화가 진행될 것이고, 신체적 변화를 겪을 거예요. 결국 우리 모두 같은 존재라는 걸 빨리 인정하는 데서 변화가 시작될 거예요. 그러면 장애인의 권익 향상은 결국 그들만을 위한 권익 향상이 아닌 거죠. 그렇게 이해한다면 좀 더 넓게 생각할 수 있을 것 같습니다.

박 벨기에에서 다양한 경험을 하고 계시는데 벨기에와 한국에서 경험한 것의 차이를 비교해주실 수 있나요?

변 제일 큰 차이는 두 가지인데, 먼저 지극히 현실적인 차이점을 얘기하면 벨기에서는 장애인이 아무 버스나 탈 수 있어요. 이게 별거 아닌 것 같지만 아주 중요해요. 제가 특정 버스 노선과 시간표를 외우고 다니지 않아도 되거든요. 아무 버스나 탈 수 있다는 게 제 삶을 완전히 바꿔줘요. 아무 데나 마음대로 갈 수 있다는 뜻이잖아요. 그러니까 한국에선 이동권, 이동권 하지만 여기에서 그 고민을 안 한다는 것 자체가 근본적으로 다른 거죠. 이동권이라는 게 단순히 '이동할 수 있다'는 의미가 아니라 삶의 참여 가능성이자 인생의 기회를 완전히 바꾸는 수단이 되는 겁니다. 이동을 해야 학교도 가고 직장도 가고 쇼핑도 하잖아요.

두 번째로 한국에 있을 때는 장애인과 비장애인의 결합이 언제나 인센티브로 이어지는 줄 알았어요. 그게 아니라는 걸 여기서 깨달았어요. 얘가 나한테 돈을 얼마를 더 주면 얘랑 기꺼이 어울리겠다, 같은 개념이 아니라 내가 너의 친구가 되는 건 당연한 건데 거기에 왜 돈이 들어가? 이런 거죠. 그게 공동체를 유지할 수 있는 힘이자 개별 정책보다 더 중요한 거죠. 단순히 돈을 몇 푼 더 주면 너의 친구가 돼줄게, 가 아니라 네가 불편한 게 있으면 기꺼이 내가 도와줄게, 반대로 내가 불편한 게 있으면 그때 네가 날 도와줄 거잖아, 난 그 정도는 믿어, 라는 신뢰가 정말 중요하다고 봐요.

박 앞으로의 연구에서 특히 집중하고자 하는 주제나 목표가 있다면 뭘까요?

변 장애인과 비장애인이 연대하는 조건에 대해 계속 연구하고 싶어요. 그러니까 장애인, 비장애인, 여성, 노동자 이렇게 자꾸 구분하지 말고, 우리가 어떤 순간에 같이 뭉치고 어떤 순간을 마주했을 때 결국 흩어져버리는가, 그걸 파악하고 싶어요. 그리고 사람은 어떤 때 나와 직접적인 이익 관계에 있지 않는데도 기꺼이 그 사람 곁에 서기로 하는지 조사하고 싶어요. 다른 말로 이타심이라고도 할 수 있는데 그런 조건이 언제 나타나고 그 마음을 어떻게 유지할 수 있는지, 또 그게 언제 사라져버릴지 안다면 좋겠어요. 예전에는 개별 정책 프로그램을 알고 싶었어요. 예를 들어 예산을 몇 조 더 투입하면 효과가 커질지 그런 게 중요한 질문이었어요. 이제는 좀 더 본질적으로 나에게 이익이 되지 않을 걸 알면서도 기꺼이 누군가의 옆에 서기로 한 그 마음을 탐구하고 싶은 거죠.

박 마지막 질문입니다. 앞으로 해보고 싶으신 일이 있다면 무엇일까요?

변 글쎄요. 책 쓰고 글 쓰는 일은 계속하고 싶다, 이 정도만 떠오르네요. 저는 사람이 뭔가 거대한 걸 하려고 할수록 망가지는 모습을 진짜 많이 봤어요. 제 지도교수님이 송충이는 솔잎을 먹어야 한다고 하셨어요. 자조적인 얘기로 들릴 수도 있지만, 다르게 생각하면 자기가 잘할 수 있는 것을 열심히 할 때 세상이 바뀐다는 의미가 아닐까 싶어요.

제가 잘할 수 있는 건 내가 어떤 상황에 처해 있고, 어떤 내용을 갖고 있고, 어떤 것을 사람들과 공유하고자 하는지를 글로 쓰는 일이에요. 각자가 자신의 자리에서 최선을 다할 때 조금 더 서로를 이해할 수 있지 않을까요. 그래서 운동하면서 느꼈던 감각에 관한 글도 쓰고 싶고, 허영만 선생님의 『식객』처럼 전국 8도를 돌아다니면서 장애인이 여행한다는 것이 어떤 느낌인지에 대해서도 써보고 싶어요.

장애인과 비장애인이
애초에 다른 존재가 아니라는 걸,
그저 사회적 기준에 따라
다르게 호명될 뿐이라는 걸
사람들이 알았으면 해요.
결국 우리 모두 같은 존재라는 걸
빨리 인정하는 데서
변화가 시작될 거예요.

다르게 걷기

초판 1쇄 발행 2025년 5월 1일

글	박산호
편 집	오영나, 유윤희
마케팅	이민지, 김윤정
디자인	행복한 물고기Happyfish
제 작	제이오
펴낸이	유윤희
펴낸곳	오늘산책

출판등록 2017년 7월 6일(제 2017-000141호)
주 소 서울 종로구 종로 227-5, 2층
전 화 02.588.5369
팩 스 02.6442.5392
이메일 oneul71@naver.com
ISBN 979-11-93703-06-9 03800

ⓒ 박산호, 2025

이 책은 저작권법에 따라 보호받는 저작물이므로 무단전재와
무단복제를 금합니다.
이 책 내용의 전부 또는 일부를 사용하려면 반드시 저작권자와
도서출판 오늘산책의 서면 동의를 받아야 합니다.
잘못된 책은 구입하신 곳에서 교환해 드립니다.